# 춤추며 찬양해
## —100—

찬양은 하나님께 드리는
자신의 신앙고백이며 기도입니다.
따라서 찬양을 드릴 때는
가사의 내용을 충분히 묵상하고
찬양의 가사처럼 자신의 삶이
변화되도록 노력해야 한다.

# 『춤추며 찬양해 100』 교사용을 출간하면서!

어린이의 입술에 하나님을 찬양하는 천국의 소리를 심고자 어린이 찬양집『춤추며 찬양해 100』을 만들어 낸 후 이렇게 교사용을 출간하게 됨을 하나님께 감사드리며 넘치는 기쁨을 모든 주의 사역자들과 함께 나누고 싶습니다.

이미 어린이용 찬양집에서 말씀드렸듯이, 이 찬양곡들은 파이디온 선교회에서 오랫동안 불려져왔던 아름다운 찬양을 이 땅의 어린이와 가르치는 모든 분들과 함께 나누기 위해 여러 동역자들이 정성을 모아 만들었습니다. 그러나 가르치는 분들이 좀더 쉽게 곡에 담긴 의미를 전달하기 위한 다음 과정이 필요하게 됨에 따라 곡에 대한 해설과 율동의 도해를 표현한 교사용 교재를 만들어 내게 되었습니다. 이 교사용 교재는 수록된 100여곡의 찬양곡 각각에 구체적인 해설과 도해를 수록함으로, 어린이의 가슴속에 하늘의 곡조를 심고 싶어하시는 수많은 선생님들에게 격려와 기쁨을 줄 것으로 확신합니다.

그리고 이 교사용 교재와 더불어『춤추며 찬양해 100』에서 신중하게 선택된 66곡의 찬양 테이프 I, II, III 집이 나오게 되었습니다. 어린이용 교재와 찬송 율동 도해집인 교사용 교재, 그리고 테이프를 통해 보다 완벽한 찬양을 어린이들에게 가르치시기를 바랍니다.

무엇보다도 이 교사용 교재를 만들기 위해 수고를 아끼지 않은 홍현주, 장영심 전도사, 이영미, 전혜령 선생을 비롯한 모든 찬양팀에게 깊은 감사를 드립니다. 이들은 아무런 대가없이 자신의 시간과 수고를 이 사역에 바쳤습니다. 이들의 손길이 이 책의 구석 구석에 있음을 말하고 싶습니다. 그리고 유달리 손이 많이 가는 악보와 율동도해를 교정하고 표현해 그린 편집부 식구들의 수고를 치하합니다.

바라기는 이 책이 널이 알려지고 쓰여져서 더 많은 어린이들이 찬양을 입술에 머금으며 살아가기를 소원합니다.

1994년 6월 20일

파이디온 출판사 대표
이기영 목사

## 목차 (가나다순)

갈릴리 바다에서 • 73
걱정있는 어린이 • 87
검은 구름일고 비바람부네 • 58
고마와라 • 96
그때 우리 • 74
기도하면서 실천을 하면 • 45
기쁠때도 슬플때도 • 1
기쁠때에도 슬플때에도 • 88
길가 같은 마음 • 59
나 가진 것 나눠주는 • 26
나는 나는 좋아요 • 46
나는 놀라운 축복 받았네 • 2
나는 예수님의 친구 • 3
나는 이래뵈도 • 97
나를 사랑하시는 하나님 • 43
나의 대장 예수님 • 60
나의 손은 손뼉쳐서 • 75
나의 제일 좋은 친구 • 76
나의 친구 예수님 • 5
난 예수님 발자취 따라 • 4
난! 할 수 있어요 • 77
내 것도 네 것 • 6
내 맘속에 있는 • 90

내가 매일 왜 기쁜지 아나요 • 61
내가 먼저 • 42
내가 주의 사랑을 • 78
내게 오라 • 27
내게 주신 이 생명 • 89
너와 나는 좋은 친구 • 79
능력의 예수님(기도송) • 7
다섯 개밖에 없어요 • 28
다윗을 사랑했던 친구 요나단 • 9
더 많이 많이 사랑해 • 48
두 눈을 꼭 감고 • 98
마음속 죄악으로 • 80
만나보셔요 • 29
만약에 • 62
모든 것 만드신 하나님 • 30
무슨 일을 하든지 • 8
무지개를 보았어요 • 31
반석에 짓는 지혜로운 자 • 63
불평스러워, 난 만족해 • 65
불평의 반대말은 감사예요 • 49
사랑의 주님이 • 10
사랑의 주 닮기 원해요 • 64
서로 서로 사랑해요 • 69

| | |
|---|---|
| 서로 서로 양보해요 • 44 | 우리 주님께 예배하고 • 36 |
| 성경은 성경은 • 50 | 우리 하나돼요 • 37 |
| 성령 충만을 받고서 • 11 | 우리는 하나님의 걸작품 • 56 |
| 아이 따뜻해라 • 32 | 우리를 사랑하신 선한 목자 • 13 |
| 아침 일찍 일어나 • 51 | 이른 아침 기도 • 70 |
| 야호 짠짠 뛰뒤 빵빵 • 91 | 이제 그만 • 15 |
| 어느날 난 짝꿍에게서 • 68 | 자! 복음의 씨 뿌려 • 71 |
| 어둠이 있는 곳에는 • 12 | 장난꾸러기 말썽꾸러기 • 38 |
| 어린 나를 부르시는 • 52 | 제일은 내 앞에서 • 16 |
| 언제나 어디서나 • 92 | 주께 드려 내 모든 것 • 17 |
| 예수 항상 나의 친구 • 99 | 주께 드려요 • 39 |
| 예수님 만나고 싶어요 • 33 | 주님 나는 거듭난 후에 • 20 |
| 예수님 안에서 • 66 | 주여 나를 가르쳐 • 84 |
| 예수님 우리를 사랑하세요 • 81 | 주의 사랑 바다보다 깊어 • 18 |
| 예수님 이름을 아는 기쁨 • 34 | 찬란한 태양이 솟아 • 95 |
| 예수님과 함께 살아갈거야 • 100 | 찬양 찬양 우리들은 알죠 • 19 |
| 예수님밖에 없어 • 53 | 추수할 것은 많은데 • 85 |
| 예수님은 내게 생명 • 54 | 친구는 자기 욕심을 • 22 |
| 예수님의 명령따라 • 35 | 캄캄한 밤하늘에 • 72 |
| 예수님의 사랑이 • 82 | 키작은 삭개오 • 23 |
| 예수님의 이름으로 • 55 | 하나님 아버지 고맙습니다 • 57 |
| 예수님처럼 생각할래요 • 67 | 하나님께 주신 말씀 • 24 |
| 오, 친구 예수님 • 93 | 하나님의 친구인 아브라함은 • 47 |
| 오늘 내가 • 83 | 하나님이 만드시고 • 41 |
| 오늘도 예수님은 찾고 계셔요 • 14 | 한걸음 한걸음 • 86 |
| 욕심장이 키 작은 삭개오 • 21 | 화창한 봄날에 • 40 |
| 우리 모두 주님을 전해요 • 94 | 흙으로 아담을 만드셨어요 • 25 |

## 선생님께 드리는 글

"어린이는 상상력이 풍부하며 음악에 대한 반응이 뛰어나다."
책 한 귀퉁이에 써있는 이 구절을 대하면서 왜 그렇게 많은 교회가 찬송과 율동보급에 민감하게 반응하는지 알 것 같았습니다. 어린이가 음악에 대한 반응이 뛰어나다면 교사도 민감하게 반응하며, 교회도 신속히 반응하는 것이 당연하다 여겨집니다.
그러나 어린이 찬양 사역자들은 이런 반응에 얼마나 잘 대처하는가? 성경적으로, 교육적으로, 음악적으로 어떻게 모두의 반응을 올바르게 이끌어 줄 것인가? 이런 고민 속에서 이번 교사용 교재가 나오게 되었습니다. 찬양은 곡조가 붙은 기도이기에 율동은 기도하는 몸짓으로 표현되어야 합니다. 따라서 본서에서는 율동 한 동작마다 상징적이고 교육적이며 음율적이 되도록 노력하겠습니다. 율동은 하나님께 영광을 돌리기 위한 것이지만 특별히 어린이 율동은 교육적인 면이 무시될 수 없습니다. 율동을 하면서 어린이들이 그 가사의 의미를 이해할 수 있게 해야 하며 하나님의 뜻과 임재하심도 느낄 수 있어야 합니다. 또한 정서적인 만족과 사회성 발달, 언어 발달, 신체 발달 등 아주 많은 부분이 고려되어야 합니다. 뿐만 아니라 찬양곡은 하나님께 영광돌리는 곡, 교제를 위한 곡, 믿음을 고백하는 곡 등으로 구분되기 때문에 이런 구분에 맞는 분위기와 표현도 고려되어야 합니다.

이 책은 이런 면에 중점을 두고 머리와 무릎을 맞댄 연구의 산물이지만 많은 부분이 아직 미숙합니다. 부족하지만 하나님께서 베풀어 주셨던 은혜를 함께 나누기 위해, 계속될 찬양 율동 연구의 과정 속에서 사용될 목적으로 편집되었습니다.

많은 교사들과 새로운 창작법을 기반으로 곡도 고르고 메시지도 파악하여 주제에 맞는 율동을 만들고자 했습니다. 율동을 만들 때는 찬양에 대한 이해가 기반되어야 하며 성경적인 안목으로 비판을 가할 수 있는 능력이 필요합니다. 그러한 안목을 기를 수 있도록 곡마다 해설을 붙였으며 의미를 알게 하기 위해 율동해설을 장황하다 할 정도로 기록했습니다.

선생님! 율동을 손유희와 같은, 집중을 위한 도구로만 생각하지 맙시다. 조금만 더 의미를 깊이 생각한다면 한국교회의 교육과 찬양이 올바른 찬양으로 나아갈 수 있을 것입니다.

이 책이 교사의 손에 들려질 때 하나님께 전심으로 드리는 찬양이 율동 하나하나를 통해 아름다운 몸짓으로 표현되길 기도합니다.

1994년 6월 20일
홍현주

# 1. 기쁠때도 슬플때도

파이디온

❖ 우리의 삶에는 항상 기쁨만 있는 것이 아니라 때로는 슬픔도, 아픔도, 고통도 찾아온다. 이 곡은 우리가 어떠한 상황에 있든지 하나님을 찬양하며 감사하리라는 고백을 담고 있다. 주님이 주신 우리의 모든 것을 찬양과 기도의 삶으로 돌려드리는 고백이 어린이들에게도 있을 수 있도록 이끈다.

| 번호 | 가 사 | 박자 | 도 해 | 해 설 |
|---|---|---|---|---|
| 1 | 기쁠 때도 | 6 | | 얼굴 앞에서 주먹 쥔 양손을 겹쳐 놓은 후 양옆으로 원을 그리며 펼친다. |
| 2 | 슬플 때도 | 6 | | 눈물을 닦는 모습 |
| 3 | 난 하나님을 | 6 | | 양손을 하나씩 가슴에 ×자로 낸다. |
| 4 | 찬양해요 | 6 | | ③의 상태에서 양손을 밖으로 펴서 원을 그리며 올린다. |
| 5 | 튼튼해도 | 6 | | 주먹을 쥔 상태에서 양손을 어깨 높이로 하고 힘을 표현하듯이 팔을 내렸다 올려 준다. |
| 6 | 아파도 | 6 | | 한 손은 이마를 짚고 다른 한 손은 배를 짚어서 아픈 모습을 한다. |
| 7 | 난 하나님께 | 6 | | 한 손씩 차례로 위로 올려준다. |
| 8 | 기도해요 | 6 | | 기도손 |
| 9 | 언제나 | 6 | | 양손을 양 옆으로 펼치면서 밀어주듯 뻗어준다.(이때 손가락은 살며시 움직인다) |
| 10 | 사랑을 | 6 | | 오른쪽 얼굴 앞에서 양손을 모아서 ♡ 모양(양 손목을 맞대고 손가락 부분이 하트가 되도록 안으로 오므려 준다) |
| 11 | 듬뿍 주시는 | 6 | | ⑩의 상태에서 손을 위로 뻗어 펼치며 내려온다. |
| 12 | 하나님께 | 6 | | ⑪의 상태에서 내린 양손을 그대로 위로 올려준다. |
| 13 | 내게 주신 | 6 | | 가슴손 |
| 14 | 모든 것을 | 6 | | ⑬의 상태에서 양손을 위로 펼치며 내려온다. |
| 15 | 드리고 싶어요 | 12 | | 두 손을 모아 지그재그로 부드럽게 위로 올린다. |

❖ 예수님의 구속사역으로 인해 우리가 하나님 자녀 되었음을 놀라움으로 표현하는 찬양이다. 예수님만이 천국으로 가는 유일한 길 되심도 또한 증거해 준다. 어린이들이 이 찬양을 통해 오직 믿음으로만 구원받을 수 있음을 알게 한다.

| 번호 | 가 사 | 박자 | 도 해 | 해 설 |
|---|---|---|---|---|
| 1 | 나는 | 4 | | 한 손을 가슴에 댄 후 위로 올려준다. |
| 2 | 놀라운 축복 받았 | 4 | | 양손 굽혔다 펼치며 어깨를 으쓱거린다. |
| 3 | 네 | 3 | | 손뼉 3회 |
| 4 | 죄 씻었네 | 4 | | 가슴 앞에서 수먹쥔 손을 교차하며 ×로 만든 후 손을 힘있게 아래로 내리며 풀어준다. |
| 5 | 예수님 피로 | 4 | | 기도손 |
| 6 | 영생 얻었네 | 4 | | 양손 나란히 펴서 지그재그로 올린다. |
| 7 | 영생 얻었네 | 4 | | 손가락을 움직이며 양손을 내린다. |
| 8 | 심판 | 4 | | 주먹손으로 다른 한 손바닥을 2번 친다. |
| 9 | 받지 않는 하나님 자 | 4 | | 오른손을 좌우로 흔든다. |
| 10 | 녀 | 3 | | 양손을 위로 올려 반짝인다. |
| 11 | 하늘나라 | 4 | | 한손으로 원을 그리면서 하늘을 가리킨다. (이때 검지 손가락으로 가리켜서는 안 된다. |
| 12 | 생명책에 | 4 | | 성경책 펴는 모습 |
| 13 | 내 이름이 | 4 | | 엄지를 펴서 팔 굽히며 자신을 2번 가리킨다. |
| 14 | 기록되었네 | 4 | | 한 손바닥은 종이, 다른 한 손가락으로는 연필을 만들어 손바닥에 글씨 쓰는 모습 |
| 15 | 천국 가는 | 4 | | 오른손으로 원을 그려 올린다. |
| 16 | 길이 되신 | 4 | | 높이 올린 오른손을 향해 왼손도 따라 올린다. |

| 번호 | 가 사 | 박자 | 도 해 | 해 설 |
|---|---|---|---|---|
| 17 | 예수님께 | 4 | | 양손의 엄지를 펴서 앞으로 내민다. |
| 18 | 감사하리 | 4 | | 기도손 |
| 19 | 예수님은 나의 전부 | 7 | | 양손 반짝거리며 위에서 아래로 원을 그린다. |
| 20 | 찬양하리 | 4 | | 한 방향으로 나팔 부는 모습. |
| 21 | 영원토록 | 4 | | ⑳을 반대 방향으로 |
| 22 | 목소리 높여 | 4 | | 양손 입가에 대고 외치는 모습. |
| 23 | 서 | 3 | | 양손을 위로 벌려 올려 준다. |

# 나는 예수님 친구

3

이형구 작사
곽성은 작곡

나 는 예수님친 구  예수님은내 친 구

매 일 성경학교에 서  좋은친구를 배우 죠

친 구야  이리와  다 함께가 자

우 리의  좋은친구  예 수님께로

❖ 이 찬양은 우리의 좋은 친구이신 예수님을 만나는 즐거움을 표현하며 또 그 복음을 전하려는 어린이의 심정을 잘 표현해 준다. 유치,유년부 어린이를 대상으로 한 곡으로 씩씩하고 조금 빠르게 부른다.「성경학교」를「주일학교」로 바꾸어 부르거나「친구야 이리와」에서 친구의 이름을 넣어 불러도 좋다.

| 번호 | 가 사 | 박자 | 도 해 | 해 설 |
|---|---|---|---|---|
| 1 | 나는 예수님 친 | 4 | | 가슴에 ×자로 차례차례 손을 얹는다. |
| 2 | 구 | 3 | | 박수를 오른쪽, 왼쪽으로 2번씩 몸의 방향을 바꾸어 가며 친다. |
| 3 | 예수님은 내 친 | 4 | | 오른쪽으로 양손을 올린다. |
| 4 | 구 | 3 | ②와 동일 | ②와 동일 |
| 5 | 매일 성경학교 | 4 | | 손을 마주 세워 산 모양을 만든다. |
| 6 | 에서 | 4 | | ⑤의 상태에서 산을 세우는 것처럼 손을 반복해서 내렸다 올린다. |
| 7 | 좋은 친구를 | 3 | | ♡ 모양을 그린다. |
| 8 | 배우죠 | 4 | | 양손은 가슴에 ×자로 얹고 가슴을 토닥거린다. |
| 9 | 친구야 | 4 | | 손을 옆으로 펼쳐준다. |
| 10 | 이리 와 | 4 | | 손을 내밀어 사람을 부르는 동작 |
| 11 | 다 함께 | 3 | | 옆 사람과 손을 잡는다. |
| 12 | 가자 | 4 | | ⑪의 상태에서 잡은 손을 흔든다. |
| 13 | 우리의 | 4 | | 가슴손 |
| 14 | 좋은 친구 | 4 | | 한 손의 엄지를 펴서 내밀고 지그재그로 흔들며 위로 올라간다. |
| 15 | 예수님께로 | 7 | | 한 손을 위로 올리고 다른 손은 그 올린 손을 따라 올린다. |

# 난 예수님 발자취 따라 4

Phyllis J. Warfel
김명식 역

❖ 우리 위해 돌아가신 예수님을 따라 살고자 하는 다짐이 실려 있는 곡이다. 엇박자로 들어가는 쉼표부분을 지켜 부르면 매우 경쾌하고, 행진곡의 느낌을 주어 가사와 잘 어울린다. 머리를 약간씩 흔들면서 쉼표를 지키게 하면 보다 쉽게 부를 수 있다.

| 번호 | 가 사 | 박자 | 도 해 | 해 설 |
|---|---|---|---|---|
| 1 | 난 예수님 발자취 | $4\frac{1}{4}$ | | 발뒤꿈치를 살짝 들었다 내렸다 한다. |
| 2 | 따라 걸으리 | 3 | | 앞으로 걷는다. |
| 3 | 진리와 생명되신 | $3\frac{1}{4}$ | | 한쪽씩 번갈아가면서 박수. |
| 4 | 주 | 4 | | 오른손 엄지를 앞으로 내밀면서 두 번 찍는다. |
| 5 | 난 예수님 발자취 | $4\frac{1}{4}$ | ①과 동일 | ①과 동일 |
| 6 | 따라 걸으리 | $3\frac{1}{4}$ | ②와 동일 | ②와 동일 |
| 7 | 나의모범이 되신 | 4 | ③과 동일 | ③과 동일 |
| 8 | 주 | 4 | ④와 동일 | ④와 동일 |

| 번호 | 가 사 | 박자 | 도 해 | 해 설 |
|---|---|---|---|---|
| 9 | 찬양하세 | $3\frac{1}{4}$ | | 양손을 펴서 찬양하는 모습을 만들어 흔들며 반원을 그린다. |
| 10 | 주의 이름 주사랑 | $5\frac{1}{4}$ | | 한손을 펼쳐 밖으로 원을 그리면서 한 바퀴 돈다. |
| 11 | 전파하세 | 6 | | 머리와 허리를 숙이고 밑에서 위로 손을 올리면서 흔든다. 그와 동시에 제자리 걸음을 한다. |
| 12 | 날 위하여 | $3\frac{1}{4}$ | | 어깨동무를 한다. |
| 13 | 죽으시고 | $3\frac{1}{4}$ | | ⑫의 상태에서 고개를 떨군다. |
| 14 | 지금은 하늘에 | $3\frac{1}{4}$ | | ⑬의 상태에서 고개를 든다. |
| 15 | 계시네 | 4 | | 손을 위로 들고 박수를 세 번 친다. |
| 16 | 자 예수님 발자취 | $4\frac{1}{4}$ | ①과 동일 | ①과 동일 |
| 17 | 따라 나가자 | 3 | ②와 동일 | ②와 동일 |
| 18 | 섬기며 사랑나누자 | $7\frac{1}{4}$ | | 몸을 옆으로 돌려 옆사람의 어깨를 주무른다. |
| 19 | 자 예수님 발자취 | $4\frac{1}{4}$ | | 처음 시작했던 방향으로 선 후 ①과 동일 |
| 20 | 따라 나가자 | 4 | ②와 동일 | ②와 동일 |
| 21 | 승리의 주님 따르 | $3\frac{1}{4}$ | | 거수경례를 한다. |
| 22 | 자 | 4 | | 칼 빼는 모습을 취한다. |

# 5 나의 친구 예수님

이형구 작사
곽상엽 작곡

나의 친구 예 수님 나의 대장예 수님 나와 함께 하여 주세 요

말씀 들을 때 기 도 할 때 도  인 도 하여 주세 요

❖ 가장 좋은 친구이자 대장되신 예수님께 우리는 모든 것을 의지한다. 이 곡은 어린이들이 하나님의 말씀을 들을 때나 기도할 때에 중보자되신 예수님께서 인도하시기를 구하는 찬양이다. 율동에서 무엇이든지 하실 수 있는 대장 예수님을 힘있게 표현하라. 예배드리기 바로 전에 이 찬양을 불러 어린이들을 예배에로 이끌어 들일 수 있을 것이다.

| 번호 | 가 사 | 박자 | 도 해 | 해 설 |
|---|---|---|---|---|
| 1 | 나의 친구 | 2 | | 한 손으로 가슴을 짚는다. |
| 2 | 예수님 | 2 | | 가슴을 짚었던 손을 펴서 엄지손가락을 앞으로 내민다. |
| 3 | 나의 대장 | 2 | | 다른 손 엄지손가락을 내민다. |
| 4 | 예수님 | 2 | | 양손 조금씩 끊어주며 위로 올린다. |
| 5 | 나와 함께 하여 | 3 | | 팔을 가슴쪽으로 굽혔다 폈다 한다. |
| 6 | 주세요 | 5 | | 가슴손을 하고 몸을 움직여준다. |
| 7 | 말씀 들을 때 | 3 | | 귓가에 양손 대고 손가락을 움직인다. |
| 8 | 기도할 때도 | 5 | | 기도손 |
| 9 | 인도하여 | 3 | | 한 손은 머리에 한 손은 가슴에 얹는다. |
| 10 | 주세요 | 5 | | 기도손 |

# 6 내 것도 네 것

정봉채 작사
김명식 작곡

❖ 부드럽고 조금 느리게 부르는 곡으로 십자가 위에서 보여준 예수님 사랑을 강조한다. 어린이들이 「네 것」을 「내 것」으로 바꾸어 장난하듯 부를 수 있으니 주의해서 지도해야 한다. 남을 섬길 수 있는 방법들을 한 가지 이상 얘기해 보고 이 찬양을 부르면 더욱 효과적이다.

| 번호 | 가 사 | 박자 | 도 해 | 해 설 |
|---|---|---|---|---|
| 1 | 내 것도 | 3 | | 가슴손 |
| 2 | 네 것 | 3 | | 두 손으로 상대편에게 주는 모습. |
| 3 | 네 것도 | 3 | | 손가락으로 가리키지 않고 정중히 손을 펴서 한 손으로 상대편을 가르킨다. |
| 4 | 네 것 | 3 | ②와 동일 | ②와 동일 |
| 5 | 십자가 위에서 | 6 | | 양팔을 좌우로 벌려 십자가 모양. |
| 6 | 보여준 사랑 | 6 | | ⑤의 상태에서 고개를 떨군다. |
| 7 | 참 좋은 친구 | 6 | | ♡ 모양을 그린다. |
| 8 | 예수님처럼 | 6 | | 기도손 |
| 9 | 나보다 | 2 | | 나를 가리킨다. |
| 10 | 남을 | 1 | | 한 손으로 상대편을 가리킨다. |
| 11 | 섬기며 | 3 | | 상대편을 가리킨 손을 다른 편 손바닥으로 받쳐 준다. |
| 12 | 살아 갈래요 | 6 | | 두 손을 그대로 위로 올린다. |

# 7  능력의 예수님 (기도송)

Janis E.Combs.
이승옥 역

1. 능력의 - 예수님 나 생각합니다
2. 주님의 - 뜻대로 나 기도합니다

능력의 예수님 나 기도합니다
주님의 뜻대로 - 보여주세요

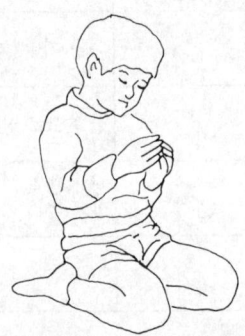

❖ 기도송으로 부드럽고 조용하게 부른다. 능력의 예수님이 나의 삶을 다스려 주시길 기도하는 마음으로 찬양하게 한다. '기도'는 나의 뜻과 원하는 것에 기준을 맞추어서 하는 것이 아니라 주님의 뜻에 합당하게 해야 함을 이 찬양을 통해 알게 한다.

| 번호 | 가 사 | 박자 | 도 해 | 해 설 |
|---|---|---|---|---|
| 1 | 능력의 예수님 | $5\frac{1}{2}$ | | 오른손으로 왼손 어깨, 오른손 어깨를 한 번씩 치고 손을 위로 뻗어 올리며 기도손을 한다. |
| 2 | 나 생각합니다 | $6\frac{1}{2}$ | | 두 손을 턱밑에 대고 좌우로 고개를 한 번씩 움직인다. |
| 3 | 능력의 예수님 | $5\frac{1}{2}$ | ①과 동일 | ①과 동일 |
| 4 | 나 기도합니다 | $6\frac{1}{2}$ | | 두 손을 아래에서 위로 천천히 올려준다. |
| 5 | 주님의 뜻대로 | $5\frac{1}{2}$ | | 오른손 엄지, 왼손 손바닥을 펴서 차례로 내민 후, 오른손(엄지)으로 왼손 손바닥 치면서 팔을 옆으로 펼쳐준다. |
| 6 | 나 기도합니다 | $6\frac{1}{2}$ | | 천천히 기도손을 한다. |
| 7 | 주님의 뜻대로 | $5\frac{1}{2}$ | ⑤와 동일 | ⑤와 동일 |
| 8 | 보여주세요 | $6\frac{1}{2}$ | | 양손을 천천히 가슴에 ×자로 얹는다. |

# 8. 무슨 일을 하든지

파이디온

1. 하나님께기도하는 귀한사람될래요
2. 말씀에귀기울이는 귀한사람될래요

❖ "귀한 사람은 어떤 사람일까요?" 요즘 어린이들은 어떤 가치관을 갖고 살아가는지 알아보기에 좋은 질문일 것이다. 이 찬양은 그리스도인이 어디에서 무엇을 하든지 귀한 사람이 되기 위해 할 것들을 고백하게 한다. 가사처럼 결심하는 마음으로 힘차게 찬양 드리도록 한다."

| 번호 | 가 사 | 박자 | 도 해 | 해 설 |
|---|---|---|---|---|
| 1 | 무슨 일을 하든 | 4 |  | 오른손을 펴서 옆으로 펼친다. |
| 2 | 지 | 3 |  | 옆으로 펼친 오른손의 엄지를 펴서 어깨쪽으로 굽혔다 폈다 한다. |
| 3 | 어느 곳에 가든 | 4 |  | 왼손으로 ①과 동일. |
| 4 | 지 | 3 |  | 왼손으로 ②와 동일. |
| 5 | 하나님께 기도하 | 4 | 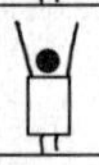 | 양손을 위로 올린다. |
| 6 | 는 | 3 |  | 기도손 |
| 7 | 귀한 사람 될래요 | 7 |  | 머리·어깨 2번씩 두드리고 손허리 |
| 8 | 𝄾 | 1 |  | 인사 |
| 9 | 말씀에 귀기울이 | 4 |  | 성경책 펴는 모습. |
| 10 | 는 | 3 |  | 가슴손 |
| 11 | 귀한 사람될래요 | 7 | ⑦과 동일 | ⑦과 동일. |
| 12 | 𝄾 | 1 | ⑧과 동일 | ⑧과 동일. |

# 9 다윗을 사랑했던 친구 요나단

이기영 작사
곽상엽 작곡

❖ 다윗과 요나단이 등장하는 공과에 맞추어 지도하면 효과적이다. 친구들 사이의 우정을 다룬 교육적인 내용으로 다윗과 요나단의 아름다운 우정조차도 하나님이 주신 사랑의 마음이 있었기 때문에 가능했다는 사실을 이야기해 준다. 「다윗과 요나단」 대신에 자신과 친구의 이름을 대신 넣어 부를 수도 있다.

| 번호 | 가 사 | 박자 | 도 해 | 해 설 |
|---|---|---|---|---|
| 1 | 다윗을 사랑했던 | 7 | | 하프 켜는 모습을 하다가 양손을 천천히 가슴에 ×자로 놓는다. |
| 2 | 친구 요나단 | 9 | | 양손을 옆으로 벌렸다가 머리 위에 왕관을 올린 후 내려 놓는 모습을 한다. |
| 3 | 자신의 생명처럼 | 7 | | 오른손으로 왼쪽 가슴에 얹었나 옆으로 벌려 준다. |
| 4 | 사랑했지요 | 9 | | 어깨동무하면서 좌우로 한 번씩 움직여 준다. |
| 5 | 언제나 | 4 | | 손가락을 차례로 오무려 준다. |
| 6 | 어디서나 | 4 | | 양손을 가슴 앞에서 양옆으로 뻗으며 펼쳐 준다. |
| 7 | 다윗 위해서 | 8 | | 하프 켜는 모습에서 기도손. |
| 8 | 아낌없이 | 4 | | 양손을 머리 위에서 아래로 몸을 훑어 내린다. |
| 9 | 주는 우정 | 4 | | 훑어 내렸던 손을 위로 올렸다(무언가 주는 것처럼) 앞으로 내민다. |
| 10 | 영원히 빛나리 | 8 | | 양손을 같은 방향으로 반짝거리며 원을 그리며 돌려준다. |

# 10 사랑의 주님이

신희정 작곡

❖ 예수님께서 말씀하신 씨뿌리는 비유를 생각해본다. 우리의 마음 밭은 혹시 길가나 돌밭 혹은 가시밭은 아닌가? 주님께서 뿌리시는 좋은 씨앗의 열매를 맺기 위하여 나의 마음 밭을 '좋은땅'이 되도록 일구어야 하겠다. 어린이들이 이 찬양을 통해 자신의 마음 밭을 점검해보고 자신의 신앙생활을 되돌아볼 수 있게 한다. 그리고 주님께서 좋은 마음 밭을 자기 안에 가꾸시도록 헌신하는 기도를 하게 한다.

| 번호 | 가 사 | 박자 | 도 해 | 해 설 |
|---|---|---|---|---|
| 1 | 사랑의 | 4 | | ♡모양 그린다. |
| 2 | 주님이 | 4 | | 기도손. |
| 3 | 좋은 씨앗 뿌리시 | 4 | | 성경책 펴는 모습. |
| 4 | 나 | 3 | | 손을 위에서 밑으로 내리면서 손가락을 움직인다. |
| 5 | 나의 마음 | 4 | | 양손 가슴에 차례차례 ×자로 댄다. |
| 6 | 길가같아 | 4 | | 양손을 가슴 앞에서 양옆으로 누르 듯 펼쳐 준다. |
| 7 | 주님 말씀 쪼이 | 4 | | 양손을 위로 올린다. |
| 8 | 고 | 3 | | 두 팔을 올려 엄지, 검지손가락으로 무언가를 잡았다 버리는 동작을 한다. |
| 9 | 예수님 예수님 | 8 | | 엄지손가락을 세워 차례차례 앞으로 내민다. |
| 10 | 능력의 예수 | 4 | | ⑨의 상태에서 양손을 가슴에 ×자로 댄다. (엄지손가락 세운 채) |
| 11 | 님 | 3 | | 양손을 위로 올렸다 내리며 '힘'을 표현 |
| 12 | 나의 모든 | 4 | | 양손으로 머리와 가슴을 두번씩 토닥거린다. |
| 13 | 마음들을 | 4 | | 가슴에서 양옆으로 손을 펼친다. |
| 14 | 아름답게 만드소 | 4 | | 한 손씩 차례로 원을 그리며 돌려 준다. |
| 15 | 서 | 3 | | 양손을 동시에 반대방향으로 원을 그리며 돌려준다. |
| 16 | 나의 마음 | 4 | ⑤와 동일 | ⑤와 동일. |

| 번호 | 가 사 | 박자 | 도 해 | 해 설 |
|---|---|---|---|---|
| 17 | 돌밭같아 | 4 | | 양손 주먹쥐고 위아래로 맞부딪치며 양방향으로 각각 2번씩 두드린다.(방향 바꾸면서) |
| 18 | 주님 말씀 마르 | 4 | ⑦과 동일 | ⑦과 동일. |
| 19 | 니 | 3 | | 양손을 위에서 아래로 조금씩 끊어주며 내린다. |
| 20 | 나의 마음 | 4 | ⑤와 동일 | ⑤와 동일. |
| 21 | 가시같아 | 4 | | 방향 바꾸어가며 양손을 깍지 끼운다. |
| 22 | 주님 말씀 막으 | 4 | ⑦과 동일 | ⑦과 동일. |
| 23 | 니 | 3 | | ㉒상태에서 손바닥을 편채 얼굴 앞에서 손을 ×자로 놓으며 얼굴을 가린다. |

# 성령 충만을 받고서    11

❖ 성령님은 우리들에게 하나님을 알게 하시고 그분의 뜻을 깨달아 행할 수 있는 힘과 지혜를 주신다. 성령충만이란 성령님이 어떤 은혜를 주시기 위해 우리를 온전히 지배하시는 것을 의미한다. 그때 우리는 기도, 봉사, 전도, 순종의 일을 할 수 있게 된다. 이 모든 것은 우리의 능력이 아닌 오직 성령님의 은혜로 될 수 있음을 알게 한다.

| 번호 | 가 사 | 박자 | 도 해 | 해 설 |
|---|---|---|---|---|
| 1 | 성령충만을 받고서 | 8 | | 아래에서 위로 원을 크게 그리고 가슴으로 손을 얹는다. |
| 2 | 기도대장 | 4 | | 기도손 |
| 3 | 될래요 | 3 | | 오른손을 뒤로 숨겼다가 앞으로 뻗으면서 내민다. |
| 4 | 성령충만을 받고서 | 8 | ①과 동일 | ①과 동일 |
| 5 | 전도대장 | 3 | | 양손을 바깥으로 뻗는다. |
| 6 | 될래요 | 4 | | 거수경례를 한다. |
| 7 | 성령은 | 4 | | 아래에서 위로 원을 그리며 올린다. |
| 8 | 성령은 | 4 | | 위로 올린 팔을 굽혔다 폈다 한다. |
| 9 | 우리들 | 4 | | 가슴손 |
| 10 | 을 | 3 | | ⑨의 상태에서 어깨를 으쓱거린다. |
| 11 | 대장으로 | 4 | ③과 동일 | ③과 동일 |
| 12 | 대장으로 | 4 | ⑥과 동일 | ⑥과 동일 |
| 13 | 만들어줘 | 4 | | 양손으로 머리와 어깨를 두 번씩 친다. |
| 14 | 요 | 3 | | 박수를 세 번 친다. |

# 어둠이 있는 곳에는     12

김명식 작곡

❖ 힘차고 경쾌한 곡으로 빠르게 노래한다. 「어둠이 있는 곳」이란 예수님을 믿지 않는 사람(나라)을 이야기하며 「빛」은 하나님의 말씀을 뜻한다. 복음을 증거하고자 하는 강한 의지가 실려있는 이 찬양을 부름으로 어린이들이 선교의 소망을 갖도록 한다. 「나를 보내주소서 말씀 전하리라」를 강조한다.

| 번호 | 가 사 | 박자 | 도 해 | 해 설 |
|---|---|---|---|---|
| 1 | 어둠이 있는 곳에는 | 7 | | 두 손으로 얼굴을 가린 후 고개숙인다. |
| 2 | 빛 들고가 | 4 | | 성경책을 펴는 모습. |
| 3 | 리다 | 3 | | 오른손을 팔을 굽혔다 위로 올려준다. |
| 4 | 저 슬픈 영혼 | 4 | | 양손 주먹쥐고 가슴앞에서 ×자로 죄를 표현한다. |
| 5 | 위하여 | 3 | | ④의 상태에서 가슴으로 ×자로 끌어들인 후 고개를 숙인다. |
| 6 | 노래를 부르리 | 7 | | 양손으로 무릎 2번, 손뼉 2번 친 다음 두 손을 입에 대고 찬양하는 모습을 한다. |
| 7 | 절망이 도사린 | 4 | | 한 손씩 주먹을 쥐고 양볼에 차례로 갖다 댄다. |
| 8 | 곳이나 | 3 | | ⑦의 상태에서 고개를 숙인다. |
| 9 | 주님 소식 | 3 | | 두 팔을 위로 올린다. |
| 10 | 기다리는 곳 | 4 | | 양손을 턱 밑에 대고 옆으로 고개를 약간 숙인다. |
| 11 | 나를 보내 | 4 | | 오른손 엄지로 자신을 가리키며 팔을 자신을 향해 굽힌다. |
| 12 | 주소서 | 3 | | 경례를 한다. |
| 13 | 말씀 전하리 | 5 | | 성경책을 펴는 모습. |
| 14 | 다 | 3 | | 양손을 입에 대고 전하는 모습. |

## 오늘도 예수님은 찾고 계셔요   13

정봉채 작사
이승옥 작곡

❖ 예수님이 우리의 능력되심을 찬양하는 곡이다. 선한 목자요 구원자시며 전능하신 분으로 주님을 찬양하고 있다. "주님은 우리를 위해 무슨 일을 해주셨나요?" 어린이에게 주님께서 자기에게 베푸신 것들을 구체적으로 생각해 보게 하면 좋을 것이다.

| 번호 | 가 사 | 박자 | 도 해 | 해 설 |
|---|---|---|---|---|
| 1 | 우리를 사랑하신 | 8 | | 옆 친구과 어깨동무한다. |
| 2 | 선한 목자 | 2 | | 이마에 손을 펴서 살핀다. |
| 3 | 예수님 | 5 | | 기도손 |
| 4 | 쉴만한 | 4 | | 양손을 모아 한쪽 볼에 붙이며 고개를 옆으로 기울인다. |
| 5 | 물가로 | 4 | | 한손을 옆으로 펼치면서 물결 모양을 만든다. |
| 6 | 인도하여 주시 | 4 | | 다른 한 손이 펼쳐져 있는 손쪽으로 간다. |
| 7 | 고 | 3 | | 기도손 |
| 8 | 믿음으로 | 4 | | 성경책 펴는 모습 |
| 9 | 믿음으로 | 4 | | 기도손 |
| 10 | 할 수 있다 | 2 | | 오른손가락을 V모양으로 만들어서 왼쪽어깨를 한번 친 후 위로 든다. |
| 11 | 하시 | 2 | | 왼손가락을 V모양으로 만들어서 오른쪽 어깨를 한 번 친 후 위로 든다. |
| 12 | 니 | 3 | | 양손을 좌우로 교차하여 한 번 흔들고 다시 위로 교차하여 흔든다. |
| 13 | 〻 | 1 | | 손을 든 채로 손뼉 1번 |
| 14 | 언제나 | 3 | | 위에 있던 손을 원을 그리며 펼쳐 내린다. |
| 15 | 어디서나 | 4 | | 양손을 바깥쪽으로 펼친다. |
| 16 | 예수님은 나의 능 | 4 | | 양손 엄지를 펴고 앞으로 차례차례 내민다. |
| 17 | 력 | 3 | | 가슴으로 양손을 모았다가 엄지를 쥐고 위로 힘차게 든다. |

# 14 오늘도 예수님은 찾고 계셔요

박연훈 작사
박연훈 작곡

❖ 하나님이 원하시는 어린이는 어떤 어린이인지 알려주는 찬양이다. 어린 나이지만 어린이에게도 하나님의 뜻대로 그의 영광을 위해 살도록 권면하고 있다. 그리고 어린이들이 자기 욕심으로 살지 않고 겸손과 순종의 삶을 사셨던 예수님을 닮아 가도록 격려해 준다.

| 번호 | 가 사 | 박자 | 도 해 | 해 설 |
|---|---|---|---|---|
| 1 | 오늘도 | 6 | | 날짜를 손가락으로 표현한다.(그날에 맞게) |
| 2 | 예수님은 | 6 | | 엄지를 펴서 최고임을 나타낸다. |
| 3 | 찾고 계셔요 | 12 | | 엄지와 검지로 동그라미를 만들어 돌리면서 눈에 댄다. |
| 4 | 이 곳에서 | 6 | | 손바닥을 펴 안쪽에서 바깥쪽으로 벌리면서 옆 친구와 어깨동무한다. |
| 5 | 우리 중에 | 6 | | 어깨동무하고 흔든다. |
| 6 | 찾고 계셔요 | 12 | ③과 동일 | ③과 동일 |
| 7 | 자기만 | 6 | | 오른손 엄지로 두번 자신을 가리킨 뒤에 허리손 |
| 8 | 위해 사는 | 6 | | 왼손 엄지로 ⑦과 같이 한다. |
| 9 | 어린이 아 | 6 | | 양손을 가슴으로 모은다. |
| 10 | 닌 | 6 | | 앞으로 손을 내밀어 흔든다. |
| 11 | 하나님 | 6 | | 두 팔을 위로 올린다. |
| 12 | 영광 위해 | 6 | | 두손으로 반짝반짝 돌리며 크게 원을 그려 내려온다. |
| 13 | 사는 어린 | 6 | | 전도하는 입모양으로 한 뒤에 허리손. |
| 14 | 이 | 6 | | 기도손. |

# 15 이제 그만

박연훈 작사
박연훈 작곡

❖ 하나님의 자녀라면 하나님이 기뻐하지 않으시는 일은 하지 않는다. 떼쓰고, 거짓말하고, 싸움하고, 오락실에 가는 것 등이 그것이다. 하나님의 자녀인 어린이들에게 사랑의 마음과 남을 돕는 평화의 마음이 있음을 일깨워 준다. 「잉-잉-잉-잉-떼쓰는 것」부분의 가사를 「이것 저것 탐내는 것」, 「우우우우 욕하는것」, 「소곤소곤 고자질도」 등으로 바꾸어 불러 본다.

| 번호 | 가 사 | 박자 | 도 해 | 해 설 |
|---|---|---|---|---|
| 1 | 잉잉잉잉 | 4 | | 우는 모습 |
| 2 | 떼쓰는 것 | 4 | | 발을 구른다. |
| 3 | 이제 그만 | 7 | | 손뼉 1회 치고 손허리 한 후에 손을 세워 손바닥이 앞을 향하게 내민다. |
| 4 | 뽕뽕뽕뽕 | 4 | | 검지손가락으로 누르는 모습. |
| 5 | 오락실도 | 4 | | 잡고 흔드는 모습. |
| 6 | 이제 그만 | 7 | ③과 동일 | ③과 동일. |
| 7 | 우리는 | 4 | | 가슴손 |
| 8 | 우리는 | 4 | | 옆사람의 손을 잡는다. |
| 9 | 하나님의 자녀예 | 4 | | 잡은 손을 위로 올려준다. |
| 10 | 요 | 3 | | 반짝인다. |
| 11 | 사랑과 | 4 | | ♡모양을 그린다. |
| 12 | 평화가 | 4 | | 손가락을 움직이며 ⑪보다 더 큰 ♡모양을 그리는 것처럼 손을 모았다가 위로 펼쳐 내려준다. |
| 13 | 가득찬 아 | 4 | | 양손을 물레방아 돌리 듯 돌리면서 위로 올려준다. |
| 14 | 이 | 3 | | 경례한다. |

# 16      제일은 내 앞에서

❖ 십계명에 곡을 붙인 찬양으로 조금 빠르게 부른다. 어린이들이 완전히 외워서 부를 수 있도록 지도하라. 십계명은 하나님이 우리에게 주신 말씀으로 우리가 실천해야 하는 내용이다.

| 번호 | 가 사 | 박자 | 도 해 | 해 설 |
|---|---|---|---|---|
| 1 | 제일은 | 4 | | 박수친 후 손가락으로 1을 표시한다. |
| 2 | 하나님 앞에 | 4 | | 하늘로 양손을 뻗는다. |
| 3 | 다른 신을 두지 말 | 4 | | 손가락으로 다른 곳을 가리킨다. |
| 4 | 라 | 3 | | 고개와 손을 좌우로 흔든다. |
| 5 | 제이는 | 4 | ①과 동일 | 박수친 후 손가락으로 2를 표시한다 |
| 6 | 우상 앞에 | 4 | | 오른 팔을 수직으로 세우고 왼손으로 오른 팔꿈치를 받친다. |
| 7 | 절하지 말 | 4 | | ⑥의 상태에서 오른 팔을 숙인다. |
| 8 | 라 | 3 | ④와 동일 | ④와 동일 |
| 9 | 제삼은 | 4 | ①과 동일 | 박수친 후 손가락으로 3을 표시한다. |
| 10 | 하나님을 | 4 | ②와 동일 | ②와 동일 |
| 11 | 욕되게 하지 말 | 4 | | 주먹을 입에 대고 두드린다. |
| 12 | 라 | 3 | ④와 동일 | ④와 동일 |
| 13 | 제사는 | 4 | ①과 동일 | 박수친 후 손가락으로 4를 표시한다. |
| 14 | 주일을 | 4 | | 손가락으로 7을 표시. |
| 15 | 거룩하게 지키 | 4 | | 기도손 |
| 16 | 라 | 3 | | ⑮의 상태에서 고개를 숙인다. |

| 번호 | 가 사 | 박자 | 도 해 | 해 설 |
|---|---|---|---|---|
| 17 | 제오는 | 4 | ①과 동일 | 박수친 후 손가락으로 5를 표시한다. |
| 18 | 엄마 아빠를 | 4 |  | 앞으로 손을 내밀고 엄마는 검지를, 아빠는 엄지를 편다. |
| 19 | 착하게 도와주 | 4 |  | 양손을 한쪽 앞으로 폈다가 몸쪽으로 잡아당긴다. |
| 20 | 라 | 3 |  | ⑲와 동일하게 반대방향으로 한다. |
| 21 | 제육은 | 4 | ①과 동일 | 박수를 친 후에 손가락으로 6을 표시한다. |
| 22 | 누구든지 | 4 |  | 손가락으로 옆을 가리킨다. |
| 23 | 미워하지 말 | 4 |  | 눈을 흘긴다. |
| 24 | 라 | 3 | ④와 동일 | ④와 동일 |
| 25 | 제칠은 | 4 | ①과 동일 | 박수를 친 후에 손가락으로 7을 표시한다. |
| 26 | 하나님 앞에 | 4 | ②와 동일 | ②와 동일 |
| 27 | 간음하지 말 | 4 |  | 한 손을 볼에 대고 손가락을 움직인다. |
| 28 | 라 | 3 | ④와 동일 | ④와 동일 |
| 29 | 제팔은 | 4 | ①과 동일 | 박수를 친 후에 손가락으로 8을 표시한다. |
| 30 | 친구 물건을 | 4 | ㉒와 동일 | ㉒와 동일 |
| 31 | 훔치지 말 | 4 |  | 양손을 옆으로 뻗었다가 손을 움키면서 자기 품 안으로 잡아 당긴다 |
| 32 | 라 | 3 | ④와 동일 | ④와 동일 |

| 번호 | 가 사 | 박자 | 도 해 | 해 설 |
|---|---|---|---|---|
| 33 | 제구는 | 4 | ①과 동일 | 박수를 친 후에 손가락으로 9를 표시한다. |
| 34 | 어디서나 | 4 | ㉒와 동일 | ㉒와 동일 |
| 35 | 거짓말하지 말 | 4 | | 손을 입에 대고 뻐끔거린다. |
| 36 | 라 | 3 | ④와 동일 | ④와 동일 |
| 37 | 제십은 | 4 | ①과 동일 | 박수를 친 후에 손가락으로 10을 표시한다. |
| 38 | 친구 물건을 | 4 | ㉒와 동일 | ㉒와 동일 |
| 39 | 욕심내지 말 | 4 | | 두 주먹을 양볼에 댄다. |
| 40 | 라 | 3 | ④와 동일 | ④와 동일 |
| 41 | 첫째는 | 4 | | 박수를 친 후에 오른 쪽 엄지를 앞으로 내민다. |
| 42 | 마음 다해 | 4 | | 양손을 가슴에 하나씩 댄다. |
| 43 | 하나님 사랑하고 | 7 | | 양손을 위로 뻗은 후에 하트를 그린다. |
| 44 | 둘째는 | 4 | | 박수를 친 후에 양손 엄지를 앞으로 내민다. |
| 45 | 네 이웃을 | 4 | | 한 손으로 옆사람을 가리킨다. |
| 46 | 네 몸같이 사랑하라 | 3 | | 양손으로 아래에서 위로 반짝거리며 원을 그려 올린다. |

# 17 주께 드려 내 모든 것

Valerie J. Crescenz
이승옥 역

주께드려- 내 모든것- 감사하는 마음으로 -

주를 사랑 하 는자는- 가장 좋은 것을드려 - 우리

하 나님께- 기 쁘게드려요 그런 마음가진자 주님 사 랑해요

주께드려- 기쁨으로- 주 님 주신내 모든것 -

❖ 경쾌하고 밝은 느낌으로 부르는 곡으로 초등부에 적합하다. 억지로가 아니라 즐거운 마음으로 기꺼이 주님께 우리의 모든 것을 드려야 함을 가르쳐 준다. 자신에게 가장 소중한 것이 무엇인지 묵상해 보고 그것을 주님께 드릴 수 있는 믿음을 갖도록 도전하라. 어느 무엇보다 주님을 더 사랑한다는 어린이들의 고백이 되어지도록 이 찬양을 드리라.

| 번호 | 가 사 | 박자 | 도 해 | 해 설 |
|---|---|---|---|---|
| 1 | 주께 드려 | 3 | | 한 손을 가슴에서 직각으로 펴서 위로 올림. |
| 2 | 내 모든 것 | 3 | | 다른 손을 가슴에서 직각으로 펴서 위로 올림. |
| 3 | 감사하는 | $2\frac{1}{4}$ | | 위에서 손을 편다. |
| 4 | 마음으 | $1\frac{3}{4}$ | | 기도손 |
| 5 | 로 | $2\frac{1}{4}$ | | ④의 상태에서 좌우로 고개 흔들기 |
| 6 | 주를 사랑 | 3 | | 한손으로 다른 편 어깨 짚고 위로 펼친다. |
| 7 | 하는 자는 | 4 | | 나머지 손도 다른 편 어깨 짚고 위로 펼친다. |
| 8 | 가장 좋은 것을 드려 | 6 | | 양손 엄지를 펴서 위로 올린다. |
| 9 | 우리 하나님께 | 4 | | 양손을 위에서 흔든다. |
| 10 | 기쁘게 드려요 | 4 | | 손뼉 두 번 치고 손을 내린다. |
| 11 | 그런 마음 가진 자 | 4 | | 한 손으로 다른 이를 가리킨다. |
| 12 | 주님 사랑해요 | 5 | | 옆사람과 손잡고 흔들기 |
| 13 | 주께 드려 | 3 | ①과 동일 | ①과 동일 |
| 14 | 기쁨으로 | 3 | ②와 동일 | ②와 동일. |
| 15 | 주님 주신 내 모든 것 | $8\frac{1}{2}$ | | 손으로 머리 어깨 허리 짚고 다시 어깨를 짚은 다음 위로 손을 올려든다. |

# 18 주의 사랑 바다보다 깊어

Cindy Jones
이승옥 역

❖ 이 곡은 주님의 사랑을 바다, 산, 해, 달 등에 비교해서 그보다 더 깊고, 높고, 넓고, 밝음을 찬양하고 있다. 어린이들에게 "○○야, 네가 생각하는 주님은 ○○보다 더 크다고 생각하니?" "네가 생각하는 예수님의 사랑을 묵상해보고 이야기 해 보자." 등의 이끄는 말을 통해 찬양을 인도하면 보다 효과적이다.

## 찬양 찬양 우리들은 알죠   19

파이디온 역

❖ 독생자 예수님을 이 땅에 보내신 하나님의 사랑을 찬양하는 곡이다. 「우리」 대신 이름을 넣어 불러도 된다. 너무 빠르게 부르지 말고 전체적인 분위기를 약간 부드럽게 이어주듯 불러본다.

| 번호 | 가 사 | 박자 | 도 해 | 해 설 |
|---|---|---|---|---|
| 1 | 찬양 찬양 | 4 |  | 양손을 펴서 입가에 엇갈려 대고 찬양 동작을 한다 |
| 2 | 우리들은 | 2 |  | 가슴손. |
| 3 | 알죠 | 2 |  | ②의 상태에서 고개를 끄덕인다. |
| 4 | 하나님 | 4 |  | 손을 위로 올린다. |
| 5 | 사랑을 | 4 |  | ♡모양을 그린다. |
| 6 | 예수님을 | 4 |  | 한 방향으로 양손을 올린다. |
| 7 | 보내 주셨어요. | 4 |  | ⑥의 상태에서 손가락을 움직이며 내려와 가슴손 |
| 8 | 우리의 | 4 |  | 왼손 주먹쥐고 오른손으로 왼손위를 돌린 후 왼손펴고 그 위에 오른손엄지 내밀어 올린다. |
| 9 | 아버지 | 4 |  | ⑧의 상태에서 위로 올린다. |
| 10 | 사랑 사랑 | 4 |  | ♡모양을 처음엔 작게 두번째는 크게 그려준다. |
| 11 | 감사 감사 | 4 |  | 기도손. |

## 주님 나는 거듭난 후에   20

박연훈 작사
박연훈 작곡

❖ 어린이들이 미래의 자기 모습을 그려보게 하는 찬양이다. 단순히 꿈이란 단어에 얽매여 모든 꿈을 신비주의적으로 보지 않도록 주의하게 한다. 어린이들이 몇 년 후에 어떤 모습이 되어 있을지를 자신의 소망에 비추어 생각해 보게 하면 좋을 것이다.

| 번호 | 가 사 | 박자 | 도 해 | 해 설 |
|---|---|---|---|---|
| 1 | 주님 나는 | 4 | | 양손의 엄지를 펴서 앞으로 내민 후 팔을 굽혀 자신을 가리킨다. |
| 2 | 거듭난 후에 | 4 | | 물레방아 돌리듯 양손을 마주 굴려가며 위로 올린다. |
| 3 | 꿈을 꾸게 되었어요 | 7 | | 양손을 한쪽 볼 밑에 대고 잠자는 모습을 한 후 한 손만 펼쳐 손가락 움직이면서 위로 반원을 그리며 내린다. |
| 4 | 요셉처럼 | 4 | | 기도손. |
| 5 | 위대한 | 4 | | 팔을 굽혔다 펴듯 하면서 양손의 엄지를 펴서 앞으로 내민다. |
| 6 | 꿈을 꾸게 되었어요 | 7 | | 반대쪽에서 ③과 동일. |
| 7 | 꿈쟁이 (나는) | 2 | | 양손 입가에 대고 '꿈쟁이'를 부르는 모습. '나는'에서 자신을 가리킨다. |
| 8 | 꿈쟁이 (나는) | 2 | ⑦과 동일 | ⑦과 동일. |
| 9 | 나는 꿈쟁이 | 7 | | 가슴손한 다음 팔을 좌우로 움직인다. |
| 10 | 꿈쟁이 (나는) | 2 | | '꿈쟁이'에서는 찬양만, '나는'에서 손뼉 연이어 3번 친다. |
| 11 | 꿈쟁이 (나는) | 2 | ⑩과 동일 | ⑩과 동일. |
| 12 | 주님 감사합니다. | 7 | | 손을 차례로 위로 올린 후 반짝거린다. |
| 13 | 주님 나는 거듭난 후에 | 8 | ①, ②와 동일 | ①, ②와 동일. |
| 14 | 자신감이 생겼어요 | 7 | | 양손의 엄지를 펴서 어깨를 한 번 찍고 옆으로 뻗어 펼쳤다가 '힘'표현하듯 팔을 굽힌다. |
| 15 | 요셉처럼 | 4 | | 기도손. |
| 16 | 힘들어도 | 4 | | 고개 떨구며 힘들어 지친 표정. |

| 번호 | 가사 | 박자 | 도해 | 해설 |
|---|---|---|---|---|
| 17 | 자신감이 생겼어요 | 7 | ⑭와 동일 | ⑭와 동일. |
| 18 | 꿈쟁이(너는) | 2 | | ⑦과 동일. '너는'에서 다른 사람 가리킨다. |
| 19 | 꿈쟁이(너는) | 2 | ⑱과 동일 | ⑱과 동일 |
| 20 | 너도 꿈쟁이 | 7 | | 다른 사람을 양손으로 가리킨 후 손을 조금씩 위로 두번 들어준다. |

## 욕심장이 키작은 삭개오    21

파이디온

❖ 구원의 기쁨을 찬양하는 곡으로 밝고 명랑하게 부른다. 삭개오가 예수님을 만나기 전과 만난 후의 삶이 어떤 식으로 변화되었는지 설명해주면 이 찬양을 쉽게 이해할 것이다. "○○야! 넌 예수님을 알고 어떤 점이 달라졌니?" 등의 질문을 던지면 이 곡을 더욱 깊이있게 찬양할 수 있다. 신입 어린이에게 가르치면 더욱 효과적이다.

| 번호 | 가 사 | 박자 | 도 해 | 해 설 |
|---|---|---|---|---|
| 1 | 욕심장이 키 작은 | 4 | | 손가락 깍지 끼고 가슴앞에서 앞쪽으로 원을 그려 내린다. |
| 2 | 삭개오 | 4 | | 손가락 깍지 끼고 좌우로 흔들며 내린다. |
| 3 | 예수님 만나 | 3 | | 머리위에서 손뼉 1회 친 다음 기도손을 한 채 가슴 앞으로 내린다. |
| 4 | 새사람 | 2 | | ③의 내린 상태에서 고개 옆으로 숙인다. |
| 5 | 되어 | 3 | | 손가락 V자 하고 옆으로 벌린다. |
| 6 | 예수님 믿고 | 3 | | 기도손 |
| 7 | 구원 얻었 | 3 | | 얼굴 앞에서 손바닥을 펴고 각각 반대 방향으로 빙글빙글 돌린다. |
| 8 | 네 | 2 | | 양손을 옆으로 벌리며 어깨를 으쓱거린다. |
| 9 | 정말정말 기뻐 | 4 | | 양손을 옆으로 펼친 후 어깨춤을 덩실덩실 춘다. |
| 10 | 요 | 3 | | 손뼉 3번 |
| 11 | 나도 나도 삭개오 | 4 | | 엄지를 펴서 양팔을 굽힌다. |
| 12 | 처럼 | 4 | ②와 동일 | ②와 동일. |
| 13 | 예수님 만나 새사람 되어 | 8 | ③~⑤와 동일 | ③~⑤와 동일. |
| 14 | 구원받은 | 2 | | 머리에 손 얹고 2번 두드린다. |
| 15 | 기쁨을 | 2 | | 가슴에 ×자로 손 얹고 2번 두드린다. |
| 16 | 전하며 | 4 | | 가슴 앞에서 양옆으로 손을 펼친다. |
| 17 | 찬송하며 살래 | 4 | | 양손을 입 앞에서 앞뒤로 엇갈리게 놓고 바꾸어 가며 반짝인다. |
| 18 | 요 | 3 | ⑩과 동일 | ⑩과 동일. |

# 친구는 자기 욕심을

이형구 작사
곽성은 작곡

❖ 부점을 사용한 경쾌한 곡으로 첫째, 둘째단 3째마디에서의 당김음을 주의해서 부르도록 하라. 예수님은 우리의 특별한 친구임을 강조하며 예수님께서 어떤 일을 하셨는지 생각해 보게 한다.

| 번호 | 가 사 | 박자 | 도 해 | 해 설 |
|---|---|---|---|---|
| 1 | 친구는 | 4 | | 양손을 가슴 앞에서 마주 잡고 좌우로 흔들어 준다. |
| 2 | 자기 욕심을 | 4 | | 손을 주먹 쥐고 양볼에 갖다 댄다. |
| 3 | 채우지 않아 | 4 | | ②의 상태에서 볼을 두드린다. |
| 4 | 요 | 3 | | 오른손을 흔든다. ('아니다'라는 표현) |
| 5 | 친구는 | 4 | ①과 동일 | ①과 동일. |
| 6 | 기쁜 마음을 | 4 | | 가슴 앞에서 원을 그려 올려가며 반짝거린다. |
| 7 | 가져다 주어요 | 7 | | 올린 손의 손가락을 움직여가며 내리면서 가슴손. |
| 8 | 예수님은 | 4 | | 엄지 손가락을 차례로 내민다. |
| 9 | 우리에게 | 4 | | 양손을 가슴에 차례차례 ×자로 갖다댄다. |
| 10 | 특별한 | 2 | | 손가락끼리 맞부딪치며 '딱' 소리를 낸다. |
| 11 | 친구랍니다 | 5 | | 양손의 엄지를 펴서 내밀어 위로 지그재그로 올라간다. |
| 12 | 우리 함께 | 4 | | 양쪽에 있는 사람과 손을 잡는다. |
| 13 | 예수님을 | 4 | | ⑫의 상태에서 고개를 돌려 양쪽 사람의 얼굴을 쳐다본다. |
| 14 | 온 세상에 전해요 | 7 | | 양쪽 사람과 손을 잡고 위로 올린 후 손을 놓으며 반짝인다. |

# 키 작은 삭개오                    23

여상원 작곡

❖ 삭개오가 예수님을 만나 변화되는 과정을 노래하고 있다. 어린이들도 삭개오처럼 사랑의 예수님을 만나 구원받을 수 있다는 기대를 갖게 한다. "삭개오가 무엇이라고 외쳤나요?" "삭개오가 이렇게 외칠 수 있었던 이유는 무엇이죠?" 예수님과 만났을 때 삭개오의 마음을 떠올리며 불러 보자. 슬픈 사람, 아픈 사람, 기뻐하는 모습 등을 표정으로 잘 나타내 본다.

| 번호 | 가 사 | 박자 | 도 해 | 해 설 |
|---|---|---|---|---|
| 1 | 키작은 삭개오 | 3 | | 깍지끼고 머리 위로 올렸다가 머리에 얹는다. |
| 2 | 예수님 만나 | 4 | | 양손 마주 잡고 흔든다. |
| 3 | 큰입 벌리고 | 4 | | 손뼉 1회 치고 양손 대각선으로 벌려 준다. |
| 4 | 외쳤답니다 | 4 | | 양손을 입가에 대고 앞으로 작게 펼치면서 부르는 모습 |
| 5 | 키작은 삭개오~외쳤답니다 | 15 | ①~④와 동일 | ①~④와 동일. |
| 6 | 작은 사람 와라 | 4 | | 깍지끼고 머리 위에서 좌우로 움직인다. |
| 7 | 슬픈 사람 와라 | 4 | | 깍지끼고 눈 앞에서 좌우로 움직인다. |
| 8 | 아픈 사람 와라 | 4 | | 깍지끼고 배 앞에서 좌우로 움직인다. |
| 9 | 모두 다 와 보라 | 4 | | 양손 바깥에서 안으로 모아 들이며 손뼉 1회 친다. |
| 10 | 사랑의 예수님 | 3 | | ♡모양 그린다. |
| 11 | 나의 이름 | 2 | | 한손을 가슴에 얹는다. |
| 12 | 부르며 | 2 | | 가슴에 얹었던 손을 위로 올린다 |
| 13 | 기쁨을 주셨네 | 4 | | ⑫의 상태에서 손을 좌우로 흔든다. |
| 14 | 구원하셨네 | 4 | | 양손 내밀어 지그재그로 올린다. |
| 15 | 기쁨을 주셨네 | 4 | | 머리위에서 손을 엇갈려 흔든다. |
| 16 | 구원하셨네 | 4 | | 손뼉2회, 손위로 뻗는다. |

❖ 하나님의 말씀을 강조한 찬양으로, 말씀 안에 있는 주님의 은혜, 사랑, 약속이 이 곡의 주제이다. 「넓은 마음 들어있어요」, 「크신 사랑 들어있어요」, 「귀한 약속 들어있어요」의 가사 부분만 소리를 내지 않고 부른다든지 손뼉을 치면서 부르면 그 부분의 의미가 강조될 것이다.

| 번호 | 가 사 | 박자 | 해 설 |
|---|---|---|---|
| 1 | 하나님께서 | 4 | 양손을 차례로 위로 올린다. |
| 2 | 주신 말씀 | 4 | 양손을 입에 갖다 대고 몸의 방향을 바꾸면서 전하는 모습 |
| 3 | 그 말씀 속에 | 7 | 성경책 펴는 모습을 한 다음 좌우로 흔든다. |
| 4 | 하나님의 | 4 | 양손을 위로 올린다. |
| 5 | 넓은 마음 | 4 | ④의 상태에서 큰 원을 그려 내린다. |
| 6 | 들어 있어요 | 7 | ⑤의 상태에서 내린 손을 천천히 가슴에 ×자로 얹고 고개 끄덕인다. |
| 7 | 언제나 | 4 | 손을 가슴에서 양옆으로 펼친다. |
| 8 | 지키시며 | 4 | 양손을 이마에 대고 살피는 모습. |
| 9 | 함께 하시는 | 7 | 양손 마주잡고 좌우로 흔든다. |
| 10 | 우리 주님 | 2 | 양손을 차례로 위로 올린다. |
| 11 | 넓은 마음 | 4 | 큰 원을 그려 내린다. |
| 12 | 찬양합니다 | 7 | 무릎 2번, 손뼉 2번 치고 양손 펼쳐 입가에 대고 엇갈려 가며 찬양하는 모습 |

## 흙으로 아담을 만드셨어요  25

박연훈 작사
박연훈 작곡

1. 흙으로 아담을 만드셨어요 그 코에 생기를 불어넣으셔
2. 주님은 나-도 만드셨어요 성령의 능력을 불어넣으셔

에-덴동산에 살게했어 요
하나님위하여 살게했어 요

❖ 사람을 직접 빚으신 하나님의 놀라운 사역을 찬양하는 곡이다. 뿐만 아니라 오늘의 나도 날마다 빚으시며 하나님의 귀한 자로 삼으시는 것에 감사하는 곡이다. 이 찬양에서 '아담'은 남자라기보다는 최초의 인간을 대표하는 의미로 사용되었다. 따라서 율동 설명을 할 때 ❷의 동작에선 하나님께서 특별한 능력을 부어 주신 사람으로 표현하라.

| 번호 | 가 사 | 박자 | 도 해 | 해 설 |
|---|---|---|---|---|
| 1 | 흙으로 아담을 | 4 | | 손을 위, 아래로 놓고 주물럭거리며 빚는 동작을 한다. |
| 2 | 만드셨어요 | 4 | | 양팔을 굽혀 '힘'을 표시하는 동작 |
| 3 | 그 코에 생기를 | 4 | | 손을 코에 댔다가 입 앞으로 펼쳐 내민다. |
| 4 | 불어 넣어서 | 4 | | 손바닥 위에서 입김을 '후'하고 분다. |
| 5 | 에덴 동산 | 4 | | 아래에서 위로 큰 원을 그린다. |
| 6 | 에 | 3 | | ⑤의 상태에서 좌우로 몸을 움직인다. |
| 7 | 살게 했어 | 4 | | 손깍지 끼고 위로 지그재그로 올라간다. |
| 8 | 요 | 3 | | 손을 반짝인다. |
| 9 | 주님은 나도 | 4 | | 엄지손가락 세워 한 손씩 앞으로 내민다. |
| 10 | 만드셨어요 | 4 | ②와 동일 | ②와 동일. |
| 11 | 성령의 | 2 | | 기도손. |
| 12 | 능력을 | 2 | | 손뼉 1회. |
| 13 | 불어 넣어서 | 4 | ④와 동일 | ④와 동일. |
| 14 | 하나님 | 3 | | 양손을 위로 올린다. |
| 15 | 위하여 | 4 | | ⑭의 상태에서 좌우로 몸을 움직인다. |
| 16 | 살게 했어요 | 7 | ⑦, ⑧과 동일 | ⑦, ⑧과 동일. |

# 나 가진 것 나눠주는 26

정봉채 작사
김명식 작곡

❖ 많은 어린이들이 주는 것보다 받는 것에 익숙한 요즘, 주고 베푸는 것이 복이 있음을 가르쳐 주는 친양이다. 후렴부분을 경쾌하게, 점음표를 지켜서 부르도록 하라. "하나님의 한 식구인 친구들과 여러분이 가진 것들을 아낌없이 나누면서 살아갑시다" 라고 짧게 말해주는 것도 효과적인 방법이다.

| 번호 | 가 사 | 박자 | 도 해 | 해 설 |
|---|---|---|---|---|
| 1 | 나 가진 것 | 4 | | 두 손을 가슴에 엇갈려 댄다. |
| 2 | 나눠 주는 | 4 | | 엇갈린 손을 그대로 밖으로 내민다. |
| 3 | 사랑스런 | 4 | | ♡ 모양을 그린다. |
| 4 | 어린이 | 4 | | 두 손으로 볼을 쓰다듬는다. |
| 5 | 주는 것이 | 4 | | 한 손으로 동그랗게 바구니 모양을 만들고 다른 손으로 그 안에서 물건을 꺼내는 것처럼 한다. |
| 6 | 복이 있다 | 4 | | 손을 위로 올려 반짝거리며 내린다. |
| 7 | 주님의 말씀 믿고서 | 7 | | 성경책을 펴는 모습 |
| 8 | 예수 안에 손을 잡고 | 8 | | 양쪽 사람과 한손씩 차례로 손을 잡는다. |
| 9 | 하늘 나라 | 4 | | 손 잡은 채 위로 올린다. |
| 10 | 함께 가는 | 4 | | ⑨의 상태에서 왼쪽, 오른쪽으로 한 번씩 흔든다. |
| 11 | 너와 나는 | 4 | | 상대 편 한 번, 자신을 한 번씩 가리킨다. |
| 12 | 다정스런 | 4 | | 옆사람과 두 손을 마주 잡는다. |
| 13 | 예수님의 | 3 | | 두 손을 들어 하늘을 가리킨다. |
| 14 | 좋은 친구 | 4 | | 두 손으로 양볼을 쓰다듬는다. |

# 내게 오라  27

J. B. Chandler
파이디온 역

❖ 우리는 세상의 유혹에 이끌리기 쉽다. 하지만 이 순간에도 주님이 우리를 부르고 계신다. "내게 오라!" 주님을 따르고 섬길 때에 우리의 기도는 그의 뜻 안에서 응답을 받게 된다. '허밍'으로 부르면서 주님의 음성을 느껴볼 수 있는 시간을 갖게 한다. 첫 소절 「내게 오라 내게 오라」를 「○○아, 내게 오라」로 바꾸어 불러도 좋을 것이다.

| 번호 | 가 사 | 박자 | 도 해 | 해 설 |
|---|---|---|---|---|
| 1 | 내게 오라 | 4 | | 오른손을 가슴 앞에서 한 번 돌려 위로 올린다. |
| 2 | 내게 오라 | 4 | | 올린 손을 따라 왼손도 올려준다. |
| 3 | 주님께서 부르네 | 8 | | 천천히 양손을 내려 입가에 대고 사람을 부르는 모습을 한다. |
| 4 | 주 따르고 | 4 | | 양손을 턱밑에 대고 고개 끄덕인다. |
| 5 | 주섬기면 | 4 | | 양손을 밑에서부터 위로 올린다. |
| 6 | 기도 응답 하셔요 | 8 | | 양손을 천천히 가슴에 ×자로 얹는다. |

# 28 다섯 개밖에 없어요

이미경 작사
이미경 작곡

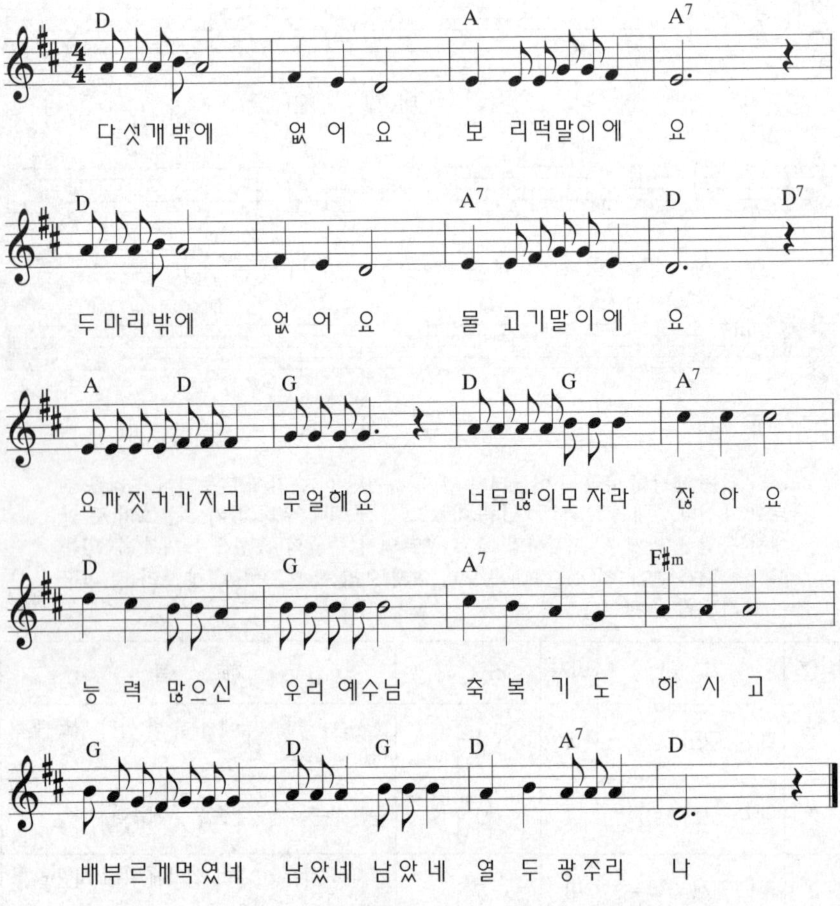
D A A7
다섯개밖에 없어요 보리떡말이에 요
D A7 D D7
두마리밖에 없어요 물 고기말이에 요
A D G D G A7
요까짓거가지고 무얼해요 너무많이모자라 잖아요
D G A7 F#m
능력 많으신 우리 예수님 축복 기도 하시고
G D G D A7 D
배부르게먹였네 남았네 남았네 열 두 광주리 나

❖ 유치부에서 초등부에 이르기까지 어느 연령층이나 부르기 좋은 곡이다. 조금밖에 안되는 것을 가지고 풍요롭게 역사하신 예수님의 능력을 표현하고 있다. 「요까짓것」부분은 아주 작게 부르고 「남았네 남았네 열두 광주리나」부분은 크게 부르도록 한다. 경쾌한 기분으로 약간 빠르게 부른다.

| 번호 | 가 사 | 박자 | 도 해 | 해 설 |
|---|---|---|---|---|
| 1 | 다섯 개밖에 없어요 | 8 | | 한 손을 앞으로 쭉 펴서 내민 후 좌우로 흔든다. |
| 2 | 보리떡 말이에요 | 7 | | 양손으로 동그라미를 5개 그린다. |
| 3 | 두 마리밖에 | 4 | | 한 손을 펴서 손가락 2개 세워 내민다. |
| 4 | 없어요 | 4 | | 손바닥 펴서 손을 좌우로 흔든다. |
| 5 | 물고기 말이에요 | 7 | | 양손을 모아 물고기가 헤엄쳐 나아가는 모습을 한다. |
| 6 | 요까짓거 가지고 | 4 | | 엄지손가락과 검지손가락을 맞닿아 잡는다. |
| 7 | 무얼해요 | 3 | | ⑥의 상태에서 손을 뿌리치듯이 아래로 내려친다. |
| 8 | 너무 많이 모자라 | 4 | | 양손을 차례차례 옆으로 벌린다. |
| 9 | 잖아요 | 4 | | ⑧의 상태에서 어깨를 으쓱인다. |
| 10 | 능력 많으신 | 4 | | 양팔을 반복해서 올렸다 내렸다 한다. |
| 11 | 우리 예수님 | 4 | | 한손씩 차례로 위로 올려준다. |
| 12 | 축복 기도 | 4 | | ⑪의 상태에서 축도하는 것처럼 손등을 위로 향하게 한다. |
| 13 | 하시고 | 4 | | 기도손 |
| 14 | 배부르게 먹였네 | 4 | | 배불뚝이처럼 배에서 앞 쪽으로 크게 원을 그린다. |
| 15 | 남았네 남았네 | 4 | | 큰 원을 몸의 방향을 바꾸어 가며 2번 그린다. |
| 16 | 열두 광주리 | 4 | | 손가락으로 12를 표한다. |
| 17 | 나 | 3 | | 양손을 양옆으로 펼쳐준다. |

# 29  만나 보셔요

만나보셔요 한 번 만 정말이에요 딱 한번만

만나면 만나면 해 결돼요 예수님은다 - 할수있어요

모든문제 가지고 주님만나 보셔요

❖ 모든 문제의 열쇠이신 예수님을 전하는 찬양이다. "여러분들이 갖고 있는 문제는 어떤 것인가요?" 자기가 안고 있는 문제들을 서로 나눈 뒤에 그 모든 것을 해결하시는 예수님을 소개하면서 이 찬양을 한다. 마음의 문이 열리도록 찬양을 반복하고 예수님을 받아들이는 영접의 기도를 하면 좋을 것이다.

| 번호 | 가 사 | 박자 | 도 해 | 해 설 |
|---|---|---|---|---|
| 1 | 만나보셔요 | 3 | | 양손을 입에 대고 사람을 부르는 모습. |
| 2 | 한 번만 | 4 | | 검지를 펴서 앞으로 내민다. |
| 3 | 정말이에요 | 3 | | ①과 동일하게 하되 동작을 좀 더 크게 하고 소리도 크게 낸다. |
| 4 | 딱 한 번만 | 4 | | 손뼉 1회 치고 ②와 동일. |
| 5 | 만나면 만나면 | 4 | | 대각선으로 오른손은 위쪽에서 왼손은 아래쪽에서 점점 가운데로 끌어 만나게 하면서 박수 1회 |
| 6 | 해결돼요 | 4 | | 양손을 양쪽으로 펼쳐준다. |
| 7 | 예수님은 다 | 4 | | 엄지를 펴서 차례로 내민다. |
| 8 | 할 수 있어요 | 4 | | ⑦의 상태에서 좌우로 흔든다. |
| 9 | 모든 문제 | 4 | | 양팔을 벌려서 안으로 모으는 표현을 한다. |
| 10 | 가지고 | 4 | | 짐을 둘러멘 것처럼 양손을 한쪽 어깨에 올린다. |
| 11 | 주님 만나 | 4 | ⑦과 동일 | ⑦과 동일. |
| 12 | 보셔요 | 4 | | 양손 입에 대고 좌우로 각각 한 번씩 부르는 모습 |

# 30  모든 것 만드신 하나님

밀드레드 어데어 곡

❖ 세상을 창조하신 하나님의 능력과 사랑을 찬양하는 곡이다. 처음부터 고음으로 시작되기 때문에 음을 정확하게 내도록 해야 한다. 하나님은 이 세상의 천지만물을 '말씀'으로 창조하실만큼 능력이 있는 분임을 강조한다. 또한 그 모든 것들을 우리를 위해 주셨기 때문에 그 사랑과 은혜는 어떤 것과도 비교가 안 될 만큼 크다는 사실을 기억하게 해준다.

| 번호 | 가 사 | 박자 | 도 해 | 해 설 |
|---|---|---|---|---|
| 1 | 모든 것 만드 | 4 | | 오무린 손가락을 펴가면서 가슴에서부터 양옆으로 펼쳐 나간다. |
| 2 | 신 | 4 | | 양손을 입에 대고 말하는 모습. |
| 3 | 능력의 하나 | 4 | | '힘'을 표현하듯 양손을 위로 올렸다 내렸다 한다. |
| 4 | 님 | 4 | | 주먹쥐고 오른손 엄지를 편 후 왼손으로 받쳐 위로 올린다. |
| 5 | 큰 사랑과 | 4 | | ♡를 크게 그린다. |
| 6 | 은혜는 | 4 | | 밑에서 위로 큰 원을 그려 올린다. |
| 7 | 비할 데 없지요 | 8 | | 원을 그려 내린다. |

| 번호 | 가 사 | 박자 | 도 해 | 해 설 |
|---|---|---|---|---|
| 1 | 무지개를 | 3 | | 양손을 나란히 세워 오른쪽에서 왼쪽으로 반원을 그린다. |
| 2 | 보았어요 | 3 | | 얼굴 앞에서 양옆으로 살짝 손을 펴준다. |
| 3 | 일곱 색깔 | 3 | | 손가락 7개를 편다. |
| 4 | 무지개 | 3 | | ③의 상태에서 옆으로 반원을 그려 내려간다. |
| 5 | 이제 다시 | 3 | | 손뼉 1번. |
| 6 | 물로는 | 3 | | 양옆으로 물결 모양 |
| 7 | 심판 | 3 | | 오른손 주먹쥐고 왼손 손바닥 2번 친다. |
| 8 | 않겠다 | 3 | | 한 손을 펴서 세게 흔든다.(강한 부정의 표시) |
| 9 | 힘들고 | $2\frac{1}{2}$ | | 한쪽 어깨에 양손을 얹고 몸을 약간 뒤로 젖힌다. |
| 10 | 어려울 때 | $3\frac{1}{2}$ | | 검지손가락을 한 쪽 이마에 대고 고개숙인다. |

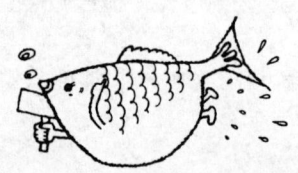

| 번호 | 가 사 | 박자 | 도 해 | 해 설 |
|---|---|---|---|---|
| 11 | 하늘을 | 3 | | ⑩의 상태에서 고개들며 하늘을 본다. |
| 12 | 보면 | 3 | | 양손을 턱 밑에 대고 계속 하늘을 본다. |
| 13 | 다시 또 들려요 | 6 | | 귓가에 손을 대고 손가락을 살며시 움직여 준다. |
| 14 | 변치 않는 | 3 | ⑧과 동일 | ⑧과 동일. |
| 15 | 그 약속 | 3 | | 성경책 펴는 모습. |
| 16 | 꿈 속에서 | 3 | | 양손을 모아 한쪽 볼에 댄다. |
| 17 | 보았어요 | 3 | | ⑯의 상태에서 한 손만 반원 그려 펼쳐준다. |
| 18 | 하나님의 사다리 | 6 | | 한 손씩 차례로 위로 엇갈려 올려준다. |
| 19 | 네가 어디 가든지 | 6 | | 한 손씩 옆으로 펼쳐준다. |
| 20 | 함께 하리라 | 6 | | 양팔을 맞잡고 좌우로 흔든다. |
| 21 | 별을 보았어요 | 6 | | 한 손씩 위로 올리면서 반짝인다. |
| 22 | 이상한 별 | 3 | | 검지손가락을 한 쪽 이마에 댄다. |
| 23 | 하나 | 3 | | 검지로 하늘을 가리킨다. |
| 24 | 박사들은 | 3 | | 양손바닥을 위로 향하여 한 후 머리 양옆에 붙여 '박사모' 표현. |
| 25 | 따랐어요 | 3 | | 걷는 모습. |
| 26 | 나도 따라요 | 6 | | 가슴손 하고 고개를 끄덕인다. |

# 32 아이 따뜻해라

이형구 작사
곽상엽 작곡

❖ 유치부에서 초등부까지 적합한 곡으로 표현이 아주 부드럽고 깜찍하다. 온전한 사랑! 흠이 없고 고귀한 하나님의 사랑을 마음에 가득 담아 그 사랑을 모든 사람에게 나누어 주라는 의미가 포함되어 있다. 하나님의 사랑이 내 맘 속에 넘친 후에 구체적으로 어린이들이 적용할 것들을 찾아 함께 나눈다.

| 번호 | 가 사 | 박자 | 도 해 | 해 설 |
|---|---|---|---|---|
| 1 | 아이 따뜻해라 | 8 | | 양볼을 두손으로 비빈다. |
| 2 | 아이 따뜻해라 | 3 | | 손을 모아 입 앞에서 '호호' 불어 준다. |
| 3 | 하나님 사랑 | 5 | | ♡모양을 그린다. |
| 4 | 아이 포근해라 | 7 | | 양손을 모아 한쪽 귀밑에 대고 어깨에 얼굴을 기댄다. |
| 5 | 아이 포근해라 | 3 | | 가슴에 ×자로 차례차례 손을 얹는다. |
| 6 | 하나님 품 속 | 5 | | ⑤의 상태에서 좌우로 흔들어 준다. |
| 7 | 언제나 | 2 | | 얼굴 앞에서 두손을 모았다 살짝 펼쳐준다. |
| 8 | 따뜻하고 | 2 | ②와 동일 | ②와 동일. |
| 9 | 포근한 사랑 | 5 | ④와 동일 | ④와 동일. |
| 10 | 하나님의 | 3 | | 양손 차례로 위로 올린다. |
| 11 | 사랑은 | 4 | ③과 동일 | ③과 동일. |
| 12 | 오늘부터 | 3 | | 오른손을 옆으로 펼쳐준다. |
| 13 | 영원까지 | 5 | | 양 손을 동시에 옆으로 펼쳐준다. |
| 14 | 내 맘속에 넘칠 거예요 | 9 | | 몸을 숙였다 서서히 일어나며 마음 속에서 무엇인가 솟아나는 것처럼 작은 원을 그려가며 위로 올린다. |

# 33 예수님 만나고 싶어요

박연훈 작사
박연훈 작곡

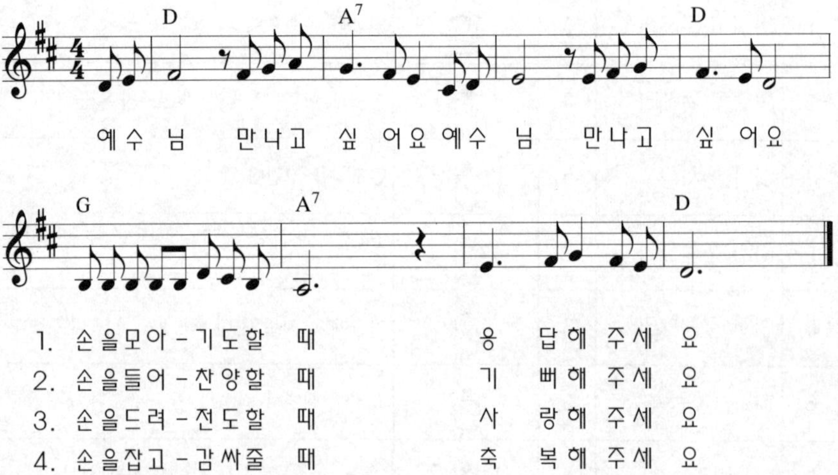

D
A7
D
예 수 님 만나고 싶 어요 예 수 님 만나고 싶 어요
G
A7
D
1. 손을모아 - 기도할 때 응 답해 주세 요
2. 손을들어 - 찬양할 때 기 뻐해 주세 요
3. 손을드려 - 전도할 때 사 랑해 주세 요
4. 손을잡고 - 감싸줄 때 축 복해 주세 요

❖ 눈에 보이지 않는 예수님을 어떻게 만날 수 있을까? 이 찬양은 어린이들이 예수님을 만나고 싶어하는 간절한 마음을 표현한 곡이다. 또한 기도와 찬양을 통해 예수님을 만날 수 있음을 알려주는 곡이기도 하다. 찬양을 깊이 묵상하기 위해 "예수님은 어떻게 만날 수 있을까요?" "기도할 때 예수님을 만나는 것을 어떻게 알 수 있나요?" 등의 질문으로 이야기를 나누도록 한다.

| 번호 | 가 사 | 박자 | 도 해 | 해 설 |
|---|---|---|---|---|
| 1 | 예수님 | 3 | | 기도손. |
| 2 | 만나고 싶어요 | $4\frac{1}{2}$ | | 손을 마주잡고 흔든다. |
| 3 | 예수님 | 3 | ①과 동일 | ①과 동일. |
| 4 | 만나고 싶어요 | $5\frac{1}{2}$ | ②와 동일 | ②와 동일. |
| 5 | 손을 모아 | $2\frac{1}{2}$ | | 양손을 앞으로 내민다. |
| 6 | 기도할 때 | $4\frac{1}{2}$ | | 기도손. |
| 7 | 응답해 주세요 | 7 | | 양손을 귓가에 대고 손가락을 움직여 준다. |
| 8 | 손을 들어 | $2\frac{1}{2}$ | | 양손을 위로 올린다. |
| 9 | 찬양할 때 | $4\frac{1}{2}$ | | 손을 반짝인다. |
| 10 | 기뻐해 주세요 | 7 | | 손가락을 흔들며 내려온다. |
| 11 | 손을 드려 | $2\frac{1}{2}$ | ⑤와 동일 | ⑤와 동일. |
| 12 | 전도할 때 | $4\frac{1}{2}$ | | 입가에 대고 말하는 모습. |
| 13 | 사랑해 주세요 | 7 | | ♡그렸다가 가슴에 ×자로 손얹는다. |
| 14 | 손을 잡고 | $2\frac{1}{2}$ | | 옆사람과 손 잡는다. |
| 15 | 감싸줄 때 | $4\frac{1}{2}$ | | ⑭의 상태에서 2번 살짝 손을 흔든다. |
| 16 | 축복해 주세요 | 7 | | 손을 잡은 상태에서 위로 올려준다. |

# 34    예수님 이름을 아는 기쁨

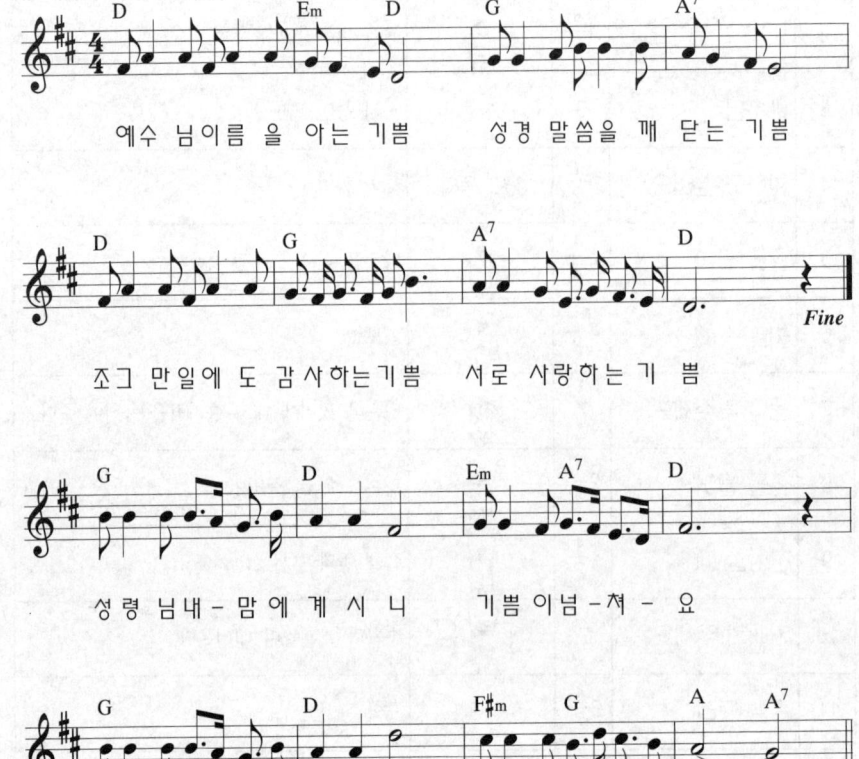

예수 님이름 을 아는 기쁨   성경 말씀을 깨 닫는 기쁨
조그 만일에 도 감사하는기쁨   서로 사랑하는 기 쁨
성령 님내 - 맘에 계시 니   기쁨이넘 - 쳐 - 요
성령 님내 - 맘에 계시 니   예수 님이름전해 요 -

❖ 예수님을 알고 거듭난 자에게는 기쁨이 있다. 성령님이 그 마음에 함께 계시기 때문이다. 이 찬양은 그 기쁨이 자신에게 더욱 구체적으로 느껴지도록 인도할 것이다. 「기쁨」부분의 율동은 얼굴표정에서도 정말 기쁨이 넘치듯 표현해본다.

| 번호 | 가 사 | 박자 | 도 해 | 해 설 |
|---|---|---|---|---|
| 1 | 예수님 | 2 | | 한 팔을 손을 편 채 위로 올린다. |
| 2 | 이름을 | 2 | | 다른 팔의 손을 펼쳐 그 옆에 갖다 댄다. |
| 3 | 아는 기 | 2 | | 두손을 한 쪽 귓가에 댄다. |
| 4 | 쁨 | 2 | | 가슴손. |
| 5 | 성경 말씀을 깨 | 4 | | 성경책을 펴는 모습. |
| 6 | 닫는 기 | 2 | | 손뼉 1번 친다. |
| 7 | 쁨 | 2 | ④와 동일 | ④와 동일. |
| 8 | 조그만 일에도 | 4 | | 한 손의 엄지와 검지를 마주 붙여 작은 것을 표시한다. |
| 9 | 감사하는 | 2 | | 기도손. |
| 10 | 기쁨 | 2 | ④와 동일 | ④와 동일. |
| 11 | 서로 사랑하는 기쁨 | 7 | | 둘이서 껴안는다. |
| 12 | 성령님 | 2 | | 두 손을 높이 들고 손가락을 흔들면서 가슴으로 모은다. |
| 13 | 내 맘에 | 2 | | 가슴에 두 손을 엇갈려 모은다. |
| 14 | 계시니 | 4 | | ⑬의 상태에서 몸을 좌우로 흔든다. |
| 15 | 기쁨이 넘쳐요 | 7 | | 가슴앞에서 두손을 구리구리하며 점점 벌려 양옆으로 흘러 넘치듯 한다. |
| 16 | 성령님 내 맘에 계시니 | 8 | ⑫~⑭와 동일 | ⑫~⑭와 동일. |
| 17 | 예수님 | 2 | | 가슴손을 한 후 가슴을 한 번 가볍게 친다. |
| 18 | 이름 전해 | 2 | | 자리에서 일어선다. |
| 19 | 요 | 4 | | 양손을 입가에 대고 말하는 모습. |

# 35. 예수님의 명령따라

Dan Whitman
김성호 역

❖ 복음을 들고 세상에 전하는 것이 바로 예수님의 명령임을 강조하는 찬양이다. 예수님의 복음이 얼마나 기쁜 소식이며 또 그것이 얼마나 능력있는 소식인지를 설명해 준다. 그리고 어린이들이 결심하고 자신의 삶을 복음 전하는 일에 헌신할 수 있는 도전을 갖게 한다.

## 우리 주님께 예배하고　　36

P. J. Warfel
파이디온 역

우리 주님께 예배하고　주님만 섬겨　요

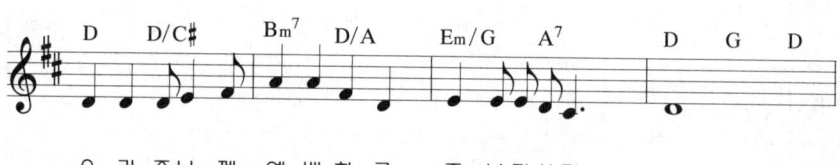

우리 주님께 예배하고　주님만 섬겨　요

순종하고 주를 아는 것　그것이 바로 행복의 길

우리 주님께 예배하고　주님만 섬겨　요

❖ 주님께 예배하고 섬기는 삶이 참 행복의 길임을 말하고 있다. 매 주일 교회에 와서 예배하는 것이 단순한 행사가 아니라 살아계신 하나님을 섬기고 찬양하는 것임을 알게 한다. 「우리 주님께 예배하고 주님만 섬겨요」라는 가사가 3번 반복되므로 율동을 다르게 하여 의미를 부여했다.

| 번호 | 가 사 | 박자 | 도 해 | 해 설 |
|---|---|---|---|---|
| 1 | 우리 주님께 | 4 |  | 양손 엄지를 내민다. |
| 2 | 예배하고 | 4 |  | 기도손. |
| 3 | 주님만 섬겨 | 4 |  | 양손을 하늘로 올린다. |
| 4 | 요 | 4 |  | 턱밑에 손을 대고 고개를 끄덕인다. |
| 5 | 우리 주님께 예배하고 주님만 섬겨요 | 16 | ①~④와 동일 | ①~④와 동일. |
| 6 | 순종하고 | $3\frac{1}{2}$ |  | 두 손 턱밑에 대고 고개 끄덕인다. |
| 7 | 주를 아는 것 | $4\frac{1}{2}$ |  | 성경책 펴는 모습 |
| 8 | 그것이 바로 | 4 |  | 손가락 맞부딪치며 '딱'소리를 낸다. |
| 9 | 행복의 길 | 4 |  | ♡모양을 그린다. |
| 10 | 우리 주님께 예배하고 주님만 섬겨요 | 16 | ①~④와 동일 | ①~④와 동일. |

# 우리 하나돼요

37

원요셉 역

❖ 예배 시작이나 설교 전후에 부를 수 있는 곡이다. 함께 이 찬양을 함으로 연합된 분위기를 이루게 하라. 초등부 어린이들이나 중,고등부에도 적합한 곡이므로 조용히 찬양하면서 묵상하면 된다.

## 38 　　장난꾸러기 말썽꾸러기

❖ 우리의 믿음은 날마다 자라는 것이 정상적이다. 몸이 자라듯 우리의 믿음도 자라야 하는데 자라지 않는다면 문제가 있는 것이다. 예배시간에 떠들며 장난만 치던 어린이가 어느날 예수님의 사랑을 깨달으면서 변화하는 모습을 보게 된다면 참으로 기쁠 것이다. 어린이들이 자신의 믿음이 어떻게 성장했는지를 이야기하게 하는 것도 도움이 될 수 있다.

| 번호 | 가 사 | 박자 | 도 해 | 해 설 |
|---|---|---|---|---|
| 1 | 장난꾸러기 | 4 | | 옆친구를 간지른다. |
| 2 | 말썽꾸러기 | 4 | | 옆친구를 때리는 시늉을 한다. |
| 3 | 믿음이 어릴 때죠 | 7 | | 기도손하고 깍지낀 손을 밑으로 내린다. |
| 4 | 기도할 때도 | 4 | | 기도손. |
| 5 | 찬송할 때도 | 4 | | 찬송하는 손 모양. |
| 6 | 옆친구와 장난해 | 7 | | 서로 간지럽히고 장난친다. |
| 7 | 하지만 이제 | 4 | | 손뼉치며 허리손. |
| 8 | 나를 위하여 | 4 | | 손을 가슴에 모은다. |
| 9 | 십자가에 죽으 | 4 | | 양팔을 벌려 십자가를 만든다. |
| 10 | 신 | 3 | | 고개를 떨군다. |
| 11 | 예수님 말씀 | 4 | | 성경책 펴는 모습. |
| 12 | 들을 때마다 | 4 | | 손을 귀에 대고 손가락을 흔든다. |
| 13 | 믿음이 컸어요 | 7 | | 기도손을 위로 올린다. |
| 14 | | 1 | | V표시를 한다. |

# 39 주께 드려요

원요셉 역

❖ 예배송이나 헌금송으로 부르면 좋은 곡이다. 예배와 헌금뿐 아니라 우리의 모든 삶이 주께 드려진다는 것을 알려 준다. 「오늘 이 시간」대신에 「이 예배시간」 또는 「이 모든시간」이라고 바꿔서 부를 수 있다.

| 번호 | 가 사 | 박자 | 도 해 | 해 설 |
|---|---|---|---|---|
| 1 | 주께 드려요 | 4 | | 한 손을 원을 그려 올려준다. |
| 2 | 오늘 이 시간 | 4 | | 다른 한손을 앞으로 내밀어 펼쳐준다. |
| 3 | 사랑의 선물 | 8 | | 얼굴 앞에서 ♡모양을 그린 후 손목 맞댄 상태에서 위로 살짝 올려준다. |
| 4 | 귀한 예물을 | 4 | | 가슴손. |
| 5 | 왕께 드리고 | 4 | | 한 손을 서서히 올린다. |
| 6 | 그를 높여 드리세 | 7 | | 양손을 교차시키며 원을 그려준 후 한 손만 위로 올려준다. |
| 7 | 주께 드려요 | 4 | ①과 동일 | ①과 동일. |
| 8 | 오늘 이시간 | 4 | ②와 동일 | ②와 동일. |
| 9 | 사랑의 선물 | 8 | ③과 동일 | ③과 동일. |
| 10 | 평안한 이 예배시간 | 8 | | 양손을 반짝이며 원을 그리며 내려준다. |
| 11 | 주께 드려요 | 9 | | 양손 자연스럽게 가슴으로 오며 고개를 숙인다. |

# 화창한 봄날에 주님 오실까 40

김하나 작사
곽상엽 작곡

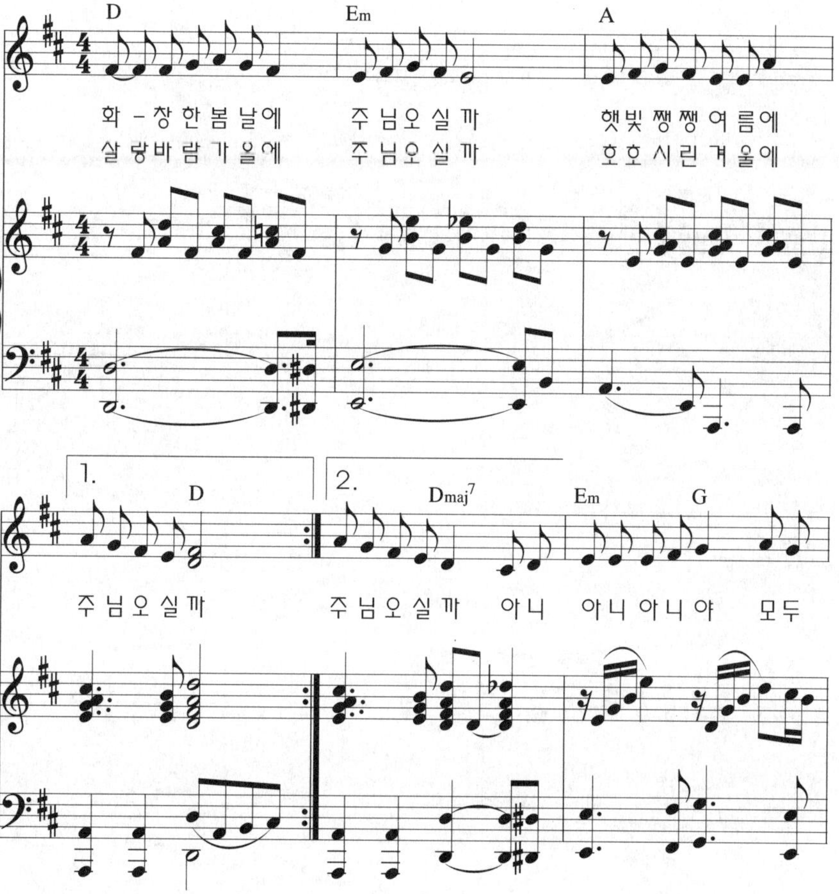

D
Em
A
화 – 창 한 봄 날에 주 님 오 실 까 햇빛 쨍 쨍 여 름에
살 랑바 람 가 을에 주 님 오 실 까 호 호 시 린 겨 울에
1.
D
2.
Dmaj7
Em
G
주 님 오 실 까
주 님 오 실 까 아 니 아 니 아 니 야 모 두

❖ "그러나 주의 날이 도적같이 오리니 그날에는 하늘이 큰 소리로 떠나가고 체질이 뜨거운 불에 풀어지고 땅과 그 중에 있는 모든 일이 드러나리로다"(벧후3:10) 이 성경말씀을 찬양시간에 어린이와 함께 읽어 말씀에 확신을 갖게 한다. 주님이 오시는 날은 아무도 모른다고 성경에 기록되었다는 사실과 그것을 믿는 자는 그날을 기쁨으로 기다릴 수 있어야 한다고 말해 준다.

| 번호 | 가 사 | 박자 | 도 해 | 해 설 |
|---|---|---|---|---|
| 1 | 화창한 봄날에 | 4 | | 양손을 같은 방향으로 돌리면서 반짝거린다. |
| 2 | 주님 오실까 | 4 | | 검지 손가락을 한 쪽 이마에 대고 생각하는 모습. |
| 3 | 햇빛 쨍쨍 여름에 | 4 | | 양손을 방향 바꾸며 반짝인다. |
| 4 | 주님 오실까 | 4 | ②와 동일 | ②와 동일. |
| 5 | 살랑 바람 가을에 | 4 | | 부드러운 바람을 일으키듯 가슴앞에서 양손을 교차시키며 좌우로 흔든다. |
| 6 | 주님 오실까 | 4 | ②와 동일 | ②와 동일. |
| 7 | 호호 시린 겨울에 | 4 | | 입 앞에서 손 비비는 모습 |
| 8 | 주님 오실까 | 3 | ②와 동일 | ②와 동일. |
| 9 | 아니 아니 아니야 | 4 | | 손을 하나씩 내밀며 좌우로 흔든다. |
| 10 | 모두가 | 2 | | 허리손 |
| 11 | 틀려 | $2\frac{1}{2}$ | | ⑩의 상태에서 고개를 좌우로 흔든다. |
| 12 | 주님 오실 날 아무도 | $4\frac{1}{2}$ | | 성경책 펴는 모습 |
| 13 | 모른댔잖아 | $3\frac{1}{2}$ | | 검지손가락 이마에 대고 생각하는 모습 |
| 14 | 주님 오실 날 아무도 | $4\frac{1}{2}$ | ⑫와 동일 | ⑫와 동일. |
| 15 | 모른댔잖 | 4 | ⑬과 동일 | ⑬과 동일. |
| 16 | 아 | 4 | | 손을 위로 반짝거린다. |

# 41 하나님이 만드시고

김근수 작사
박태이 작곡

❖ 참된 가정의 모범을 보여주는 찬양이다. 하나님이 함께 하시는 가정에 사랑과 행복과 웃음이 가득하다는 내용의 곡이다. 하나님을 주님으로 모시는 가정에는 늘 찬송과 기도가 넘쳐야 함도 강조한다.

| 번호 | 가 사 | 박자 | 도 해 | 해 설 |
|---|---|---|---|---|
| 1 | 하나님이 | 4 | | 양손을 위로 올린다. |
| 2 | 만드시고 | 4 | | 양손을 입에 대고 말하는 동작. |
| 3 | 하나님이 | 4 | ①과 동일 | ①과 동일. |
| 4 | 축복하신 | 4 | | 손가락 움직이며 밑으로 내린다. |
| 5 | 우리 집 | 4 | | 가슴에 손을 ×로 차례로 올린다. |
| 6 | 우리 집 | 4 | | 손가락 세워 마주 보게 지붕 모양을 만든다. |
| 7 | 즐거운 | 4 | | 손 앞으로 내밀어 좌우로 흔든다. |
| 8 | 우리 집 | 4 | | ⑥의 상태에서 손을 아래로 반복하여 올렸다 내리며 집을 세운다. |
| 9 | 엄마 | 2 | | 오른손의 엄지손가락 세워 내민다. |
| 10 | 아빠 | 2 | | 왼손의 엄지손가락을 세워 내민다. |
| 11 | 싱글벙글 | 4 | | 손을 펼쳐 내밀어 둥근 원을 반복하여 그린다. |
| 12 | 우리들은 | 4 | | 가슴에 ×자로 차례로 손을 올린다. |
| 13 | 방글방글 | 4 | | 엄지손가락을 양볼에 대고 나머지 손가락을 움직여 준다. |
| 14 | 어제도 | 4 | | 한 손을 옆으로 펼친다. |
| 15 | 오늘도 | 4 | | 반대 손으로 ⑭의 동작. |
| 16 | 하나님 감사해요 | 7 | | 양손을 위로 올렸다가 기도손. |

| 번호 | 가 사 | 박자 | 도 해 | 해 설 |
|---|---|---|---|---|
| 17 | 아침에는 | 4 |  | 얼굴앞에서 양손을 주먹 쥐었다 옆으로 펼친다. |
| 18 | 찬송 소리 | 4 |  | 입 앞에서 손을 엇갈려 놓고 손가락 움직이며 찬송하는 모습 |
| 19 | 저녁에는 | 4 |  | 양옆에서 손을 펼쳐 얼굴 앞으로 모아 준다. |
| 20 | 기도 소리 | 4 |  | 기도손. |
| 21 | 우리집 우리집 | 8 | ⑤, ⑥과 동일 | ⑤, ⑥과 동일. |
| 22 | 즐거운 우리집 | 8 | ⑦, ⑧과 동일 | ⑦, ⑧과 동일. |
| 23 | 엄마 아빠 싱글벙글 | 8 | ⑨~⑪과 동일 | ⑨~⑪과 동일. |
| 24 | 우리들은 방글방글 | 8 | ⑫, ⑬과 동일 | ⑫, ⑬과 동일. |
| 25 | 언제나 | 4 |  | 양손을 나란히 내밀어 양손가락을 차례로 오무려준다. |
| 26 | 언제나 | 4 |  | 가슴앞에서 양옆으로 손을 펼쳐 준다. |
| 27 | 하나님 감사해요 | 7 | ⑯과 동일 | ⑯과 동일. |

## 내가 먼저  42

❖ 우리가 주님을 선택한 것이 아니라 주님이 먼저 우리를 사랑하시고 선택하셨다는 내용의 찬양이다. 주님의 선택하심에 대해 감사 드리고 기쁨으로 찬양하게 한다. 「나를 나를 알아주셨네」부분에 자기 이름을 넣어 「OO(이)를 알아주셨네」로 불러보고 「그 사랑이 기쁨되어 찬양해」의 '찬양' 대신에 '감사', '기도' 등으로 바꾸어 부를 수 있다.

| 번호 | 가 사 | 박자 | 도 해 | 해 설 |
|---|---|---|---|---|
| 1 | 내가 | 4 | | 손을 가슴에 모았다가 손바닥이 앞으로 보이도록 옆으로 편다. |
| 2 | 먼저 | 4 | | 오른손의 검지손가락을 앞으로 내밀었다가 허리. |
| 3 | 예수님 안 것 아니요 | 7 | | 오른손의 엄지손가락을 한 바퀴 돌려 최고임을 표시하고 손을 흔든다(고개도 같이 흔들어 준다) |
| 4 | 예수님이 | 4 | | 손을 차례로 위로 올린다. |
| 5 | 먼저 | 4 | | 손뼉 1번. |
| 6 | 나를 나를 알아주셨네 | 7 | | 가슴손을 하고 고개를 끄덕거린다. |
| 7 | 예수님의 | 4 | | 손가락으로 십자가를 만든다. |
| 8 | 그 사랑이 | 4 | | 손가락으로 ♡를 그린다. |
| 9 | 기쁨되어 찬양 | 4 | | 손바닥이 보이게 하여 둥글게 돌리며 위로 올린다. |
| 10 | 해 | 3 | | 손바닥을 펴서 좌우로 흔든다. |
| 11 | 예수님의 그 사랑이 기쁨되어 찬양해 | 15 | ⑦~⑩과 동일 | ⑦~⑩과 동일. |

# 나를 사랑하시는 하나님 43

❖ 나를 똑같이 그리고 여러가지 방식으로 사랑하시는 삼위일체 하나님을 찬양하는 곡이다. 단순하지만 풍부한 의미를 담은 가사와 깜찍한 느낌을 주는 멜로디, 그리고 곡의 내용을 명확히 해주는 율동은 모든 어린이들이 늘 묵상하기에 좋은 찬양이다.

| 번호 | 가 사 | 박자 | 도 해 | 해 설 |
|---|---|---|---|---|
| 1 | 나를 사랑하시는 | 4 | | 두손을 양볼에 댄다. |
| 2 | 하나님 | 4 | | ①의 상태에서 고개를 좌우로 흔든다. |
| 3 | 나와 함께 하시는 | 4 | | 가슴에 ×자로 차례차례 손을 얹는다. |
| 4 | 예수님 | 4 | | ③의 상태에서 어깨를 으쓱거린다. |
| 5 | 나를 도와 주시는 | 4 | | 한 손씩 팔을 굽혀 힘을 표현. |
| 6 | 성령님 | 3 | | 굽힌 팔에 한 번 힘을 주었다가 위로 뻗는다. |
| 7 | 정말로 | 4 | | 양팔을 몸에 붙이고 몸을 흔들어 준다.(좋아서 어쩔줄을 모르겠다는 표현) |
| 8 | 사랑해요 | 4 | | '-해요'와 함께 손뼉을 3번 연이어 친다. |

## 44 서로 서로 양보해요

정봉채 작사
김명식 작곡

❖ 이 찬양은 둘씩 짝지어 함께 부를 수 있는, 교제를 위한 율동곡이다. 우리는 주님 안에서 한 식구이기 때문에 양보하고 도와가며 살아야 함을 말하고 있다. 이러한 삶은 곧 주님을 닮아가는 것이다. 어린이들이 친구에게 "사랑한다. OO 아!" 라는 고백을 해보도록 이끌어 준다

| 번호 | 가 사 | 박자 | 도 해 | 해 설 |
|---|---|---|---|---|
| 1 | 서로 서로 양보해요 | 4 |  | 둘씩 짝지어 마주 보고 서로의 어깨에 손을 얹는다. |
| 2 | 좋아하니까 | $3\frac{1}{2}$ |  | ①의 상태에서 좌우로 몸을 움직인다. |
| 3 | 도우면서 살아가요 | 4 |  | 마주 보고 서로 손을 잡고 흔든다. |
| 4 | 사랑하니까 | $3\frac{1}{2}$ |  | 서로 안아준다. |
| 5 | 모든 것을 다 주어요 | 4 |  | 마주 보고 손을 내밀어 주는 표현을 한다. |
| 6 | 친구이니까 | $3\frac{1}{2}$ | ③과 동일 | ③과 동일. |

## 45  기도하면서 실천을 하면

이형구 작사
곽상엽 작곡

기도하면서 실천을 하면- 하나님이기뻐하셔요
말씀대로 순종을하면 못하는 일전혀없어요
누구든지무얼- 하든지 승리할수 있어요
예수님과 함께하면승리할 수있어요

❖ 이 찬양은 어린이들이 살아가면서 부딪히는 문제들을 기도와 말씀으로 이겨나갈 수 있다는 것을 알려주는 곡이다. 기도를 하면 하나님이 기뻐하시고, 말씀에 순종할 때 예수님이 함께 하셔서 승리의 삶을 살 수 있다는 것을 강조해 준다.

| 번호 | 가 사 | 박자 | 도 해 | 해 설 |
|---|---|---|---|---|
| 1 | 기도하면서 | 3 | | 기도손. |
| 2 | 실천을 하면 | 5 | | '힘' 표현으로 양팔을 어깨에서 2번 올렸다 내린다. |
| 3 | 하나님이 기뻐하셔 | 4 | | 손을 하나씩 위로 올려주면서 흔들어 준다. |
| 4 | 요 | 3 | | 머리 위에서 손뼉 2번, 가슴앞에서 손뼉 1번 친다. |
| 5 | 말씀대로 | 4 | | 성경책을 펴는 모습. |
| 6 | 순종을 하면 | 3 | | 두 손을 모아 잡고 인사하는 모습을 한다. |
| 7 | 못 하는 일 전혀 없어 | 5 | | 양손을 위로 올려 좌우로 엇갈려 흔들어준다. |
| 8 | 요 | 3 | ④와 동일 | ④와 동일. |
| 9 | 누구든지 무얼 하든지 | 8 | | 오른손부터 옆으로 뻗어나가고 왼손도 마찬가지로 해준다. |
| 10 | 승리할 수 있어요 | 8 | | 양손 엄지 손가락 앞으로 내민 후 팔을 굽혀 어깨 뒷쪽에 닿게 한 다음 위로 뻗는다. |
| 11 | 예수님과 | 4 | | 엄지 내민 손을 엇갈려 가며 반원을 그려준다. |
| 12 | 함께 하면 | 3 | | 박수치며 손을 마주 잡고 가슴 앞으로 내려 준다. |
| 13 | 승리할 수 있어요 | 8 | | 양손의 손가락을 V자로 하여 2번 내민 후, 양손으로 왼쪽 허리를 짚은 후 오른손만 V자로 하여 앞으로 내민다. |

❖ 이 곡은 예수님의 구속사역을 찬양하고 있다. 새로나온 어린이나 복음전도 대상자에게 가르치면 효과적이다. 첫째 소절의 「좋아요」와 둘째 소절의 「예수님」을 쉼표를 지켜 끊어 부르는 것에 유의해야 한다. 3절의 첫 소절 「참 좋으신 선생님」은 예수님이 우리에게 좋은 선생님이 된다는 의미이다.

| 번호 | 가 사 | 박자 | 도 해 | 해 설 |
|---|---|---|---|---|
| 1 | 나는 나는 좋아요 | 8 | | 가슴에 X자로 차례차례 손을 얹고 어깨를 으쓱거린다. |
| 2 | 예수님이 좋아요 | 7 | | 손을 위로 올리고 반짝거린다. |
| 3 | 나의 친구 예수님 | 8 | | 엄지 손가락으로 자신을 한 번 가리킨 다음 앞으로 내밀어 좌우로 흔든다. |
| 4 | 나를 사랑하셔요 | 7 | | 가슴에 X자로 차례차례 손 얹고 몸을 좌우로 조금씩 흔들어 준다. |
| 5 | 예수님 예수님 | 8 | | 한 손씩 차례로 위로 올려준다. |
| 6 | 고마우셔라 | 7 | | 양손을 턱 밑에 대고 손을 모으면서 고개를 옆으로 기울여 준다. |
| 7 | 나의 죄 대신 | 4 | | '죄'의 표현으로 주먹쥔 양손을 가슴앞에서 X자 해준다. |
| 8 | 지시고 | 4 | | 양손을 옆으로 뻗어 십자가를 만든다. |
| 9 | 죽으신 나의 예수님 | 7 | | ⑧의 상태에서 고개 숙인다. |

# 47  하나님의 친구인 아브라함은

이형구 작사
곽상엽 작곡

하 나님의친구인   아 브라함-은
언 제나 친구들을   사 랑했어요
귀 한사랑 나눠주는  참 된마음 을
하 나님의친구들-이  가 져야지 요

❖ 아브라함의 삶을 통해 우리가 배워야 할 점을 노래하고 있다. 아브라함이 조카 롯에게 행했던 '양보와 사랑'을 어린이들에게 설명해 주면 좋다. "네가 가장 소중하게 생각하는 것은 무엇이니? 그것을 다른 사람에게 나누어 줄 수 있겠니?" 라는 질문을 통하여 구체적으로 도전하게 해준다. 또한 자기의 소중한 것을 이웃에게 양보할 수 있는 자가 하나님의 친구가 될 수 있음을 이야기해 준다.

| 번호 | 가 사 | 박자 | 도 해 | 해 설 |
|---|---|---|---|---|
| 1 | 하나님의 친구 | 4 | | 한손씩 차례로 위로 올린다. |
| 2 | 인 | 4 | | 두손을 마주 잡고 얼굴 앞에서 오른쪽 방향으로 한 바퀴 돌린다. |
| 3 | 아브라함 | 4 | | 하나님을 말씀을 듣는 것처럼 두 손을 모아 귀에 갖다 댄다. |
| 4 | 은 | 4 | | 팔을 흔들면서 걷는다. |
| 5 | 언제나 | 4 | | 양손을 가슴 앞에서 양옆으로 펼친다. |
| 6 | 친구들을 사랑했어요 | 12 | | 한 팔씩 어깨동무한 후 몸을 좌우로 흔든다. |
| 7 | 귀한 사랑 | 4 | | 한쪽 가슴에 한 손을 갖다 대고 그 위에 다른 한손을 올려 둔다. |
| 8 | 나눠 주는 | 4 | | ⑦의 상태에서 위에 올린 손을 앞으로 내밀어 주고 그위에 다른 한손을 올려 놓는다. |
| 9 | 참된 마음을 | 8 | | 두 손을 마주 잡고 좌우로 흔들며 위로 천천히 올린다. |
| 10 | 하나님의 친구 | 4 | ①과 동일 | ①과 동일. |
| 11 | 들이 | 4 | ②와 동일 | ②와 동일. |
| 12 | 가져야지 | 4 | | 두 팔을 양쪽으로 편 상태에서 가슴 앞으로 모은다. |
| 13 | 요 | 4 | | 양팔을 엇갈려 가슴손. |

# 48. 더 많이 많이 사랑해

❖ 그리스도인의 삶은 사랑과 용서와 감사와 기도가 풍성해야 함을 말해주는 곡이다. 교제를 위해 이 곡을 사용해도 좋다. 둘씩 짝을 이뤄「사랑해」,「용서해」「감사해」,「기도해」부분에서 서로 안아준다든지 머리를 쓰다듬는다든지 하면 친근한 교제의 시간이 될 것이다.

| 번호 | 가 사 | 박자 | 도 해 | 해 설 |
|---|---|---|---|---|
| 1 | 더 | 2 |  | 한 손의 엄지와 검지손가락을 마주 붙이고 다른 한 손으로 그 손을 감싼다. |
| 2 | 많이 많이 | 2 |  | 양손을 가슴앞에서 모았다가 위로 펼치며 원을 그려 내린다. |
| 3 | 사랑해 | 4 |  | 옆사람을 안아준다. |
| 4 | 더 많이 많이 | 4 | ①, ②와 동일 | ①, ②와 동일 |
| 5 | 용서해 | 4 |  | 옆사람과 악수. |
| 6 | 더 많이 많이 | 4 | ①, ②와 동일 | ①, ②와 동일 |
| 7 | 감사해 | 4 |  | 인사한다. |
| 8 | 더 많이 많이 | 4 | ①, ②와 동일 | ①, ②와 동일 |
| 9 | 기도해 | 4 |  | 기도손. |

## 49　불평의 반대말은 감사예요

❖ 어린이들에게 불평, 감사, 미움, 사랑, 슬픔, 기쁨, 겸손, 교만 등의 의미를 알게 하고 주님의 자녀가 가져야 할 성품이 어떤 것인지 가르쳐 주는 곡이다. 단어의 뜻이 잘 드러나도록 율동을 정확하게 표현하고 얼굴의 표정도 잘 지어 보라.

| 번호 | 가 사 | 박자 | 도 해 | 해 설 |
|---|---|---|---|---|
| 1 | 불평의 | 3 | | 두 주먹을 양볼에 갖다댄다. 볼은 불룩하게 하고 표정은 찡그린다. |
| 2 | 반대말은 | 3 | | 얼굴 앞에서 손바닥을 밖으로 해서 좌우로 팔을 펼친다. |
| 3 | 감사예요 | 5 | | 양손을 마주 잡고 인사한다. |
| 4 | 미움의 | 3 | | 허리에 손을 얹고 옆을 째려 본다. |
| 5 | 반대말은 | 3 | ②와 동일 | ②와 동일. |
| 6 | 사랑이에요 | 5 | | 손으로 ♡를 그리며 천천히 고개를 숙인다. |
| 7 | 사랑과 | 3 | | ⑥의 상태에서 다시 고개를 든다. |
| 8 | 비슷한 말 | 3 | | 가슴 앞에서 손뼉 1번. |
| 9 | 좋아해요 | 5 | | 옆친구와 껴안는다. |
| 10 | 하나님 | 3 | | 한쪽 팔을 위로 뻗어 올린다. |
| 11 | 정말 | 3 | | 다른 팔을 위로 뻗어 올린다. |
| 12 | 좋아해 | 3 | | 두 손을 겹쳐 입에 갖다 댄다. |
| 13 | 요 | 2 | | 두 팔을 하늘을 향해 올린다. |
| 14 | 슬픔의 | 3 | | 두 손을 번갈아 가며 눈물을 닦는다. |
| 15 | 반대말은 | 3 | ②와 동일 | ②와 동일. |
| 16 | 기쁨이에 | 3 | | 두 손을 펴고 얼굴 옆에서 좌우로 흔든다. |

| 번호 | 가 사 | 박자 | 도 해 | 해 설 |
|---|---|---|---|---|
| 17 | 요 | 2 | | 허리손하고 옆친구를 웃으며 바라본다. |
| 18 | 교만의 | 3 | | 가슴 앞으로 엄지를 뽐내며 내민다. |
| 19 | 반대말은 | 3 | ②와 동일 | ②와 동일. |
| 20 | 겸손이에 | 3 | | 엄지를 다른 손바닥 위에 올려놓는다. |
| 21 | 요 | 3 | | ⑳을 가슴 앞으로 끌어온다. |
| 22 | 겸손과 | 3 | | ㉑상태에서 고개를 든다. |
| 23 | 비슷한 말 | 3 | ⑧과 동일 | ⑧과 동일. |
| 24 | 낮아져 | 3 | | 손을 펴서 손등이 위로 향하게 하여 앞으로 내민다. |
| 25 | 요 | 2 | | 다른 손을 펼쳐 그 손 밑에 들여 놓는다. |
| 26 | 예수님 | 3 | | 한 팔을 벌려 반쪽 십자가를 만든다. |
| 27 | 처럼 | 3 | | 다른 한 팔을 옆으로 뻗어 십자가를 완성시킨다. |
| 28 | 낮아져요 | 5 | | 기도손. |

## 성경은 성경은   50

❖ 이 곡은 성경이 우리에게 어떤 유익을 주는지를 설명해 준다. 성경의 유익을 실제 생활 속에서 예를 들어 설명해 주면 더욱 좋다. 조금 빠르게 부르도록 한다.

| 번호 | 가 사 | 박자 | 도 해 | 해 설 |
|---|---|---|---|---|
| 1 | 성경은 | 3 | | 두손을 마주 붙인다. |
| 2 | 성경은 | 3 | | 책을 펴 듯 붙였던 손을 손바닥이 위로 향하도록 펼친다. |
| 3 | 하나님 편지 | 6 | | 입 앞에 두 손을 마주 세워 속삭이는 것처럼 한다. |
| 4 | 하늘 나라 | 3 | | 두 팔을 밖으로 돌려 큰 원을 만든다. |
| 5 | 기쁜 소식 | 3 | | 손가락을 움직이며 두손을 위에서 내린다. |
| 6 | 하나님 편지 | 6 | ③과 동일 | ③과 동일. |
| 7 | 성경은 성경은 | 6 | ①, ②와 동일 | ①, ②와 동일. |
| 8 | 거울같아요 | 6 | | 손바닥을 얼굴 앞에서 나란히 펴서 거울을 보는 듯 좌우로 흔든다. |
| 9 | 내 마음 속 환하게 | 6 | | 한 손씩 차례로 가슴에 ×로 놓는다. |
| 10 | 비춰 주어요 | 6 | | 양손을 반짝거리며 아래에서 위로 원을 그린다. |
| 11 | 성경은 성경은 | 6 | ①, ②와 동일 | ①, ②와 동일. |
| 12 | 힘이 있어요 | 6 | | 손뼉 한 번 치고 손허리. |
| 13 | 하나님은 | 3 | | 한 손을 하늘을 향해 올린다. |
| 14 | 무엇이나 | 3 | | 반대손을 넓게 펼쳐 반원을 그린다. |
| 15 | 하실 수 있죠 | 6 | | 양팔을 엇갈려 차례차례 가슴손. |
| 16 | 성경은 성경은 | 6 | ①, ②와 동일 | ①, ②와 동일. |

| 번호 | 가 사 | 박자 | 도 해 | 해 설 |
|---|---|---|---|---|
| 17 | 방패같아요 | 6 | | 한 손의 손바닥을 펼쳐 앞으로 내밀고 다른 손도 그 뒤에 갖다 댄다. |
| 18 | 나쁜 마음 | 3 | | 가슴 앞에서 두 주먹을 엇갈리게 위아래로 흔든다. |
| 19 | 나쁜 생각 | 3 | | 머리옆에 검지를 세워 뿔을 만들고 위아래로 반복하여 올렸다 내린다. |
| 20 | 막아주어요 | 6 | ⑰과 동일 | ⑰과 동일. |
| 21 | 성경은 성경은 | 6 | ①, ②와 동일 | ①, ②와 동일. |
| 22 | 사랑의 편지 | 6 | | ♡모양을 그린다. |
| 23 | 서로 서로 | 3 | | 두손을 가슴 앞에서 감싸준다. |
| 24 | 사랑하라 | 3 | | ㉓의 상태에서 옆친구에게 팔을 뻗어 내민다. |
| 25 | 말씀하셨 | 3 | | 두 손바닥을 펴서 나눠 주는 모습. |
| 26 | 죠 | 3 | | 옆친구와 서로 껴안는다. |

# 51 아침 일찍 일어나

장영심 작사
차용운 작곡

❖ "아침에 일어나면 제일 먼저 무엇을 할까요?" 이 곡은 우리 하루의 시작과 끝이 기도로 이루어져야 함을 강조하고 있다. 그럴 때에 우리에게 믿음과 능력이 자라남을 더불어 가르쳐 준다. 어린이들이 자신의 '기도제목'을 나누고 서로 기도하게 한다.

| 번호 | 가 사 | 박자 | 도 해 | 해 설 |
|---|---|---|---|---|
| 1 | 아침 일찍 일어 | 4 | | 큰 원을 그리며 손을 올려준다. |
| 2 | 나 | 3 | | 원을 그려 올린 상태에서 몸을 옆으로 굽힌다. |
| 3 | 마음문을 열고 | 4 | | 가슴손 상태에서 두번 두드린다. |
| 4 | 서 | 3 | | 가슴에 올린 손을 옆으로 펼쳐 준다. |
| 5 | 하나님께 입을 | 4 | | 두 손을 위로 올린다. |
| 6 | 열어 | 3 | | 양손을 입에 댄다. |
| 7 | 기도 | 1 | | ⑥의 상태에서 양손을 위로 뻗는다. |
| 8 | 하면은 | 8 | | 기도손. |
| 9 | 능력이 쑥쑥 | 4 | | 얼굴 앞에서 양손 주먹 쥐고 어깨 높이만큼 올리고 있다가 '쑥쑥'에서 조금씩 위로(2박자씩) 올린다. |
| 10 | 믿음이 쑥쑥 | 4 | | ⑨의 상태에서 조금 더 올린다. |
| 11 | 자라나 | 4 | | ⑩의 상태에서 손을 위로 쭉 뻗는다. |
| 12 | 고 | 4 | | 손반짝 |
| 13 | 언제나 | 4 | | 손을 가슴앞에서 위로 뻗어 펼쳐준다. |
| 14 | 예수님처럼 | 4 | | 엄지손가락을 차례로 내민다. |
| 15 | 승리할래 | $3\frac{1}{2}$ | | ⑭의 상태에서 양손을 지그재그로 흔들며 위로 올린다. |
| 16 | 요 | $3\frac{1}{2}$ | | 손뼉 3회. |

## 52　어린 나를 부르시는

Mary Kay Bottens

1. 어린나를 부르시는 부드러운 주음성
2. 어린나를 돌보시는 사랑의주 예수님

한낮이나 한밤에도 나를불러 주셔요
한낮이나 한밤에도 나를돌봐 주셔요

❖ 사랑의 예수님이 어린이를 부르시고 돌보신다는 내용의 은혜의 곡이다. 이 곡을 통하여 예수님의 돌보심이 구체적으로 느껴질 수 있도록 잠깐 돌아보는 시간을 갖으면 좋을 것이다. 또 어린이들이 자기의 생활 속에서 예수님의 함께 하심을 느꼈던 경험이 있었으면 함께 나누어도 된다. 「어린나를」 대신에 「OOO를」 로 바꾸어 찬양할 수도 있다.

| 번호 | 가 사 | 박자 | 도 해 | 해 설 |
|---|---|---|---|---|
| 1 | 어린 나를 | 4 |  | 양손으로 볼을 쓰다듬는다. |
| 2 | 부르시는 | 4 |  | 양손을 입가에 대고 손가락을 움직인다. |
| 3 | 부드러운 | 4 |  | 손가락을 움직이며 안쪽에서 바깥쪽으로 펼친다. |
| 4 | 주 음성 | 4 |  | 손을 한쪽 귀에 댔다가 허리에 붙인다. |
| 5 | 한낮이나 | 4 |  | 얼굴 앞에서 손을 오므렸다 펴서 옆으로 펼친다. |
| 6 | 한밤에도 | 4 |  | 손바닥을 앞으로 향하게 하여 양쪽에서 살짝 돌리며 얼굴 앞에서 모아 눈에 갖다 댄다. |
| 7 | 나를 불러 | 4 |  | 한손씩 차례차례 가슴에 ×자로 얹는다. |
| 8 | 주셔요 | 4 |  | 기도손. |

# 53  예수님밖에 없어

이미경 작사
이미경 작곡

❖ 우리가 영원토록 믿고 따라야 할 분이 바로 예수님임을 증거하는 찬양이다. 자기를 부인하고 십자가를 지고서 주님을 따르는 일은 결코 쉽지 않다. 그 길은 고난의 길이기 때문이다. 하지만 그런 어려움 속에서도 모든 문제를 주님께 맡기고 나아가는 삶이 되어야 할 것이다. 이 찬양은 힘차고 강하고 호소력있게 부른다.

| 번호 | 가 사 | 박자 | 도 해 | 해 설 |
|---|---|---|---|---|
| 1 | 예수님밖에 | 4 | | 엄지손가락을 차례로 내민다. |
| 2 | 없어 | 2 | | 손허리에 한 후 옆사람을 쳐다본다. |
| 3 | 예수님밖에 | 4 | ①과 동일 | ①과 동일. |
| 4 | 없어 | 2 | ②와 동일 | ②와 동일. |
| 5 | 내가 | 2 | | 한 손을 위로 올린다. |
| 6 | 따라갈 분은 | 5 | | 손을 향하여 다른 손이 점점 따라 올라간다. |
| 7 | 오직 | 2 | | 손뼉 1회. |
| 8 | 예수님 뿐이에요 | 6 | | 양손의 엄지손가락을 동시에 앞으로 내밀어 끊어 주면서 위로 올린다. |
| 9 | 예수님만 따 | 4 | | 양손을 차례차례 앞에 내놓는다. |
| 10 | 라 가요 | 3 | | ⑨의 상태에서 양손을 점점 앞으로 끊으면서 내민다. |
| 11 | 예수님만 따 | 4 | | 엄지손가락을 차례로 앞으로 내민다. |
| 12 | 라 가요 | 3 | | ⑪의 상태에서 지그재그로 흔들며 위로 올라간다. |
| 13 | 어려워도 따라가요 | 4 | | 검지손가락 한쪽 이마에 대고 고민하는 모습. |
| 14 | 주님 다시 | 4 | | 양손을 차례로 위로 향하여 든다. |
| 15 | 만날 때까 | 4 | | 양손을 차례로 가슴에 ×로 댄다. |
| 16 | 지 | 3 | | 고개 끄덕인다. |

# 54 예수님은 내게 생명

P. J. Warfel
파이디온 역

❖ 우리가 십자가에 못 박히신 예수님의 은혜로 새로운 생명을 얻었다. 예수님은 우리의 생명이시며 참 보배임을 고백하고 주님의 사랑을 날마다 누리며 사는 것을 감사하게 한다. 첫 소절부터 셋째 소절까지 가사가 반복되므로 처음에는 작게, 뒤로 갈수록 크게 부른다(율동도 점점 크게). 「내게」를 「네게」로 바꾸어 부를 수도 있다.

| 번호 | 가 사 | 박자 | 도 해 | 해 설 |
|---|---|---|---|---|
| 1 | 예수님은 내게 생명 | 4 |  | 양손 검지 가락을 사용하여 +를 만들어준다. |
| 2 | 주시었어요 | 4 |  | 두 손을 올려 손가락 움직이며 내려와 가슴에 ×자로 댄다. |
| 3 | 예수님은 내게 생명 | 4 |  | 양팔을 교차하여 +를 만든다. |
| 4 | 주시었어요 | 4 | ②와 동일 | ②와 동일. |
| 5 | 예수님은 내게 생명 주시었어요 | 8 |  | 한 손씩 차례차례 가슴 한 번 찍고 양옆으로 팔을 벌려 준다. |
| 6 | 예수는 나의 | 4 |  | 양손을 같은 방향으로 올린다. |
| 7 | 생명 | 4 | ②와 동일 | ②와 동일. |

# 55 예수님의 이름으로

이형구 작사
곽상엽 작곡

♩ = 128

예수님의이름으로 - 사 랑 을 주고 -

예수님의이름으로 - 기 쁨을 주면 - 예수

사 랑 예수기쁨 - 온 세상에 넘쳐서 -

아 름 다운 사랑의나-라 만들어져 요 예수 요

❖ 온 세상에 예수님의 사랑과 기쁨이 넘쳐 흐르는 것을 느끼게 하는 아름다운 찬양이다. 가사의 내용처럼 우리는 예수님의 이름으로 사랑과 기쁨을 온 세상에 나누는 자들이 되어야 할 것이다. 서로 나누며 화합하는 율동을 통해서 우리가 만드는 사랑의 나라를 잘 표현할 수 있도록 한다.

| 번호 | 가 사 | 박자 | 도 해 | 해 설 |
|---|---|---|---|---|
| 1 | 예수님의 이름으로 | 8 | | 기도손 한 후 '로'에서 양팔을 교차하여 십자가를 만든다. |
| 2 | 사랑을 | 3 | | ♡모양을 그린다. |
| 3 | 주고 | 4 | | 입가에 양손을 대고 '후'하고 불어 준다. |
| 4 | 예수님의 이름으로 | 8 | ①과 동일 | ①과 동일. |
| 5 | 기쁨을 | 3 | | 손가락을 움직이며 손을 위에서 아래로 내린다. |
| 6 | 주면 | 3 | ③과 동일 | ③과 동일. |
| 7 | 예수 사랑 | 5 | | 옆사람과 손을 잡는다. |
| 8 | 예수 기쁨 | 4 | | ⑦의 상태에서 위로 손을 천천히 올린다. |
| 9 | 온 세상에 넘쳐서 | $6\frac{1}{2}$ | | 머리 위에서 양옆으로 크게 박수를 한 번씩 친다. |
| 10 | 아름다운 | 4 | | 한 손씩 차례로 원을 그려 펼쳐 준다. |
| 11 | 사랑의 나라 | 4 | | 양손을 함께 원을 그려 펼쳐 준다. |
| 12 | 만들어져요 | $6\frac{1}{2}$ | | 옆사람과 어깨동무 |

## 56 우리는 하나님의 걸작품

❖ 조금 빠르게 부른다. 음의 전개는 쉬우나 가사의 의미상 유치부보다는 유년부에 더 적당하다. 뜻을 쉽게 설명하여 어린이들의 이해를 돕도록 한다.

| 번호 | 가 사 | 박자 | 도 해 | 해 설 |
|---|---|---|---|---|
| 1 | 우리는 | 4 | | 가슴에 손을 차례로 ×자로 얹는다. |
| 2 | 하나님의 | 4 | | 양손을 위로 올린다. |
| 3 | 걸작 | 4 | | 양손을 물레방아처럼 돌려 준다. |
| 4 | 품 | 4 | | 얼굴 앞에서 양손 주먹쥐고 마주 대고 있다가 옆으로 펼쳐준다. |
| 5 | 예수님을 | 4 | | 양손을 같은 방향으로 올려 준다. |
| 6 | 통해서 | 4 | | ⑤의 상태에서 양손을 끌어 내려 가슴에 ×자로 댄다. |
| 7 | 아름답게 만드 | 4 | | 머리와 가슴을 두번씩 두드려 준다. |
| 8 | 신 | 4 | | 가슴에서 양손을 펼쳐 준다. |
| 9 | 우리는 | 4 | ①과 동일 | ①과 동일. |
| 10 | 하나님의 | 4 | ②와 동일 | ②와 동일. |
| 11 | 걸작품 | 8 | ③, ④와 동일 | ③, ④와 동일. |

# 57 하나님 아버지 고맙습니다

박원삼 작사
박원삼 작곡

❖ 하나님 앞에 나와서 그분의 주님되심을 고백하게 하는 찬양이다. 어린이들이 예배드리기 전에 한 주의 생활을 돌아보고 하나님의 인도와 돌보심을 감사하게 하는 의도에서 송영이나 기도송으로 이 찬양을 부르면 좋을 것이다.

## 검은 구름 일고 비바람 부네   58

Lois Kempton
이승옥 역

1. 검은 구름 일고 비바람 부네 우르릉! 꽝! 천둥소리 그
2. 성난 물결 일어 배 흔 - 들 고 철 - 썩! 싹! 파 도 쳐 도 내

러나 주님 타신 배 아무 걱 - 정 없네
배에 주님 계시니 결코 잠기지 않

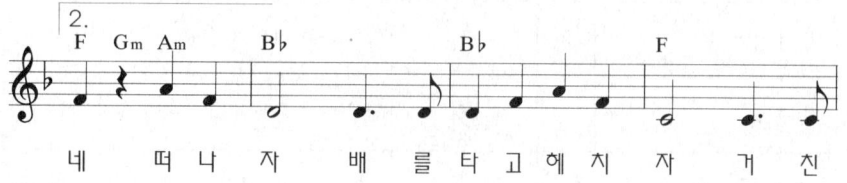

네 떠나자 배를 타고 헤치자 거친

파도 예수님 선장 되시니 두려움 없겠네

❖ 검은 구름이 일고, 비바람이 불고, 거친 파도가 치는 것처럼 우리의 생활에 어떤 어려움이 와도 나의 구주되신 예수님이 함께 하시면 아무 두려움이나 걱정이 없다는 찬양이다. 「예수님이 선장되시니 두려움 없네」를 강조하여 찬양한다. 율동을 할 때 검은 구름과 성난 물결은 아주 거센 표현을 한다.

| 번호 | 가 사 | 박자 | 도 해 | 해 설 |
|---|---|---|---|---|
| 1 | 검은 구름 일고 | 4 | | 손등을 밖으로 향하고 원을 그리며 올린다. |
| 2 | 비바람 부네 | 4 | | 비오는 모양으로 손을 내린다. |
| 3 | 우르릉 | 1 | | 주먹 쥔 두 손을 마주 비빈다. |
| 4 | 꽝 | 1 | | 두 손가락으로 귀를 막는다. |
| 5 | 천둥 소리 | 4 | | 머리 위에서 손뼉 치며 위를 본다. |
| 6 | 그러나 | $2\frac{1}{2}$ | | 고개를 끄덕인다. |
| 7 | 주님 | 2 | | 엄지를 한번 내민다. |
| 8 | 타신 | 2 | | 다른 손을 펴서 내민다. |
| 9 | 배 | $1\frac{1}{2}$ | | 엄지 내민 손을 다른 손위에 올려 놓는다. |
| 10 | 아무 걱정 없네 | $5\frac{1}{2}$ | | ⑨의 상태에서 지그재그로 위로 올린다. |
| 11 | 성난 물결 일어 | 4 | | 손을 마주 돌리면서 위로 올린다. |
| 12 | 배 흔들고 | 4 | | 손을 높이 들고 바람이 세차게 부는 모습. |
| 13 | 철썩 | 1 | | 가슴 앞에서 손뼉 |
| 14 | 쏴 | 1 | | 왼손을 옆으로 펼친다. |
| 15 | 파도 쳐 | $2\frac{1}{2}$ | | 펼친 손에 다른 한손을 더하여 물결 모양을 그린다. |
| 16 | 도 | $1\frac{1}{2}$ | | 머리 위에서 손뼉 한 번 더 |

| 번호 | 가 사 | 박자 | 도 해 | 해 설 |
|---|---|---|---|---|
| 17 | 내 배에 | $2\frac{1}{2}$ | | 한 손으로 자신을 가리킴 |
| 18 | 주님 계시니 결코 잠기지 않네 | 11 | ⑦~⑩과 동일 | ⑦~⑩과 동일. |
| 19 | 떠나자 배를 타고 | 8 | | 한 손으로 하늘을 가리킴. |
| 20 | 헤치자 거친 파도 | 8 | | 두 손을 가슴으로 모았다가 다시 펼친다. |
| 21 | 예수님 선장 | 5 | | 양손 엄지를 차례차례 가슴 앞으로 내민다. |
| 22 | 되시니 | $3\frac{1}{2}$ | | 운전하는 모습. |
| 23 | 두려움 없겠 | $4\frac{1}{2}$ | | 양손을 겹쳐 오른쪽 얼굴을 한번 가린다. |
| 24 | 네 | 2 | | 오른손을 세워 좌우로 흔들며 부정의 표시. |

# 59 길가 같은 마음

❖ 마태복음 13장의 비유를 통해 길가, 돌밭, 가시덤불, 좋은 밭을 설명하고 찬양을 지도하면 효과적이다. 우리 마음의 상태를 점검하고 좋은 땅이 되기 위해 해야할것이 무엇인지를 입술로 고백하며 기도하는 시간을 갖도록 하면 좋다.

| 번호 | 가 사 | 박자 | 도 해 | 해 설 |
|---|---|---|---|---|
| 1 | 길가 같은 | 3 | | 양손을 옆으로 손가락만 흔들며 편다. |
| 2 | 마음은 | 5 | | 주먹손을 위아래로 맞붙였다가 ①왼손은 펴면서 가슴에 대고 ② 오른손을 펴면서 앞쪽으로 밀어 배척을 의미하게 한다. |
| 3 | 파고 | 4 | | 양손가락으로 가슴을 긁는다. |
| 4 | 갈아서 | 3 | | 양손을 밑에서부터 손목안 한 바퀴를 돌리며 밭을 가는 표현. |
| 5 | 부드럽고 | 3 | | 양손을 한 쪽 귓가에 댄다. |
| 6 | 아름다운 | 5 | | ⑤의 상태에서 자연스럽게 가슴손. |
| 7 | 밭을 | 4 | | 기도손. |
| 8 | 만들어 | 3 | | 양손을 수평으로 나란히 놓아 아래에서 위로 올린다. |
| 9 | 복음의 | $3\frac{1}{2}$ | | 성경을 펴는 모습. |
| 10 | 씨 뿌려서 | $4\frac{1}{2}$ | | 씨를 뿌리는 모습.(양손바닥이 위로 가게 하여 좌우로 편다) |
| 11 | 가꾸어 가요 | 7 | | 양손바닥이 안을 향하게 하고 작은 원을 그리며 위로 올려 준다. |
| 12 | 삼십 배 | 3 | | 가슴 앞에서 양손을 서로 포개어 작은 양을 표현. |
| 13 | 육십 배 | 5 | | 가슴앞에서 양손을 둥글게 감싸 작은 원을 만든다.(⑫보다 조금 많은 양을 표현) |
| 14 | 열매 맺도 | 5 | | 양손 원을 그리며 위로 올린다. |
| 15 | 록 | 2 | | 기도손. |
| 16 | 돌밭같은 마음은 | 8 | | 주먹 쥔 채 한 손씩 차례로 가슴에 댄다. |

| 번호 | 가 사 | 박자 | 도 해 | 해 설 |
|---|---|---|---|---|
| 17 | 갈고 | 4 | | 주먹을 서로 비비는 모습. |
| 18 | 골라서 | 3 | | 돌을 쥐어서 뒤로 버리는 모습. |
| 19 | 부드럽고~가꾸어가요 | 32 | ⑤, ⑪과 동일 | ⑤, ⑪과 동일. |
| 20 | 육십 배 | 4 | ⑬과 동일 | ⑬과 동일. |
| 21 | 백 배 | 5 | | 가슴 앞에서 두팔로 큰 원을 만들어 ⑬보다 더 많은 양을 표현. |
| 22 | 열매 맺도록 | 7 | ⑭, ⑮와 동일 | ⑭, ⑮와 동일. |
| 23 | 가시덤불 | 3 | | 양손 깍지를 낀다. |
| 24 | 마음은 | 5 | | 깍지 낀 손을 가슴에 댄다. |
| 25 | 뽑고 | 4 | | 가슴의 깍지 낀 손을 빼낸다. |
| 26 | 갈아서 | 3 | ④와 동일 | ④와 동일. |
| 27 | 부드럽고~가꾸어가요 | 32 | ⑤~⑪과 동일 | ⑤~⑪과 동일. |
| 28 | 삼십 배 | 3 | ⑫와 동일 | ⑫와 동일. |
| 29 | 백 배 | 5 | ⑳과 동일 | ⑳과 동일. |
| 30 | 열매 맺도록 | 7 | ⑭, ⑮와 동일 | ⑭, ⑮와 동일. |

# 나의 대장 예수님  60

이형구 작사
곽상엽 작곡

❖ "나 혼자서는 힘들어요. 도와주세요. 모든 것을 할 수 있는 나의 대장 예수님." 이런 고백을 담고 있는 찬양으로 쉬우면서도 활기찬 곡이다. 유아, 유치, 유년부에서 부르면 좋다.

| 번호 | 가 사 | 박자 | 도 해 | 해 설 |
|---|---|---|---|---|
| 1 | 나의 대장 | 4 | | 한손 엄지로 자신을 한 번 찍고 앞으로 내민다. |
| 2 | 예수님 | 4 | | 다른 한 손 엄지 손가락 세워 내밀어 힘을 주어 양손 함께 위로 올린다. |
| 3 | 나와 함께 해주세요 | 7 | | ②의 상태에서 양엄지 손가락을 자기 가슴을 향해 두 번씩 찍는다. |
| 4 | 말씀 들을 때 | 4 | | 두 손을 모아 한 쪽 귓가에 대고 손가락을 흔든다. |
| 5 | 기도할 때도 | 4 | | 기도손. |
| 6 | 나와 함께 해주세요 | 7 | | 가슴손을 한 후 몸을 흔든다. |

# 61 내가 매일 왜 기쁜지 아나요

Mary Kay Bottens
파이디온 역

| 번호 | 가 사 | 박자 | 도 해 | 해 설 |
|---|---|---|---|---|
| 1 | 내가 매일 | 2 | | 가슴손. |
| 2 | 왜 기쁜 | 2 | | ①의 상태에서 고개만 한 번 끄덕인다. |
| 3 | 지 아나요 | 4 | | 가슴 앞에서 양손을 세워 좌우로 흔든다. |
| 4 | 내가 항상 | 2 | ①과 동일 | ①과 동일. |
| 5 | 웃는 이유 | 2 | ②와 동일 | ②와 동일. |
| 6 | 도 그 | 4 | | 양손을 앞으로 둥글게 만든 후 2번 흔들어 준다. |
| 7 | 것은 내게 | 2 | | 손가락을 맞부딪치며 '딱' 소리를 낸다. |
| 8 | 참 사랑을 보여주신 주 | 6 | | ♡ 모양을 그리면서 그대로 가슴손. |
| 9 | 님만 따르기 때문이 | 4 | | 양손의 엄지 손가락을 세워 차례로 앞으로 내민다. 1박자는 쉰다. |
| 10 | 죠나 | 4 | | ⑨의 상태에서 지그재그로 위로 올라간다. |

❖ 음의 전개가 재미있기 때문에 쉽게 따라 부를 수 있지만 너무 빠르게 부르면 가사 내용이 명확하게 전달되지 않는다. 매일 기쁘게 사는 것은 주님을 따르는 자에게 주시는 축복임을 강조한다. "예수님을 어떻게 따르고 있나요? 정말 매일 매일이 기쁜가요?"라는 도전적인 질문을 사용하여 결단과 고백의 찬양으로 부르게 한다. 모든 고민이나 어려움을 예수님께 맡기고 따라가는 어린이가 되도록 격려하면서 힘있게 찬양을 부른다(율동은 빼고 손뼉만 치면서 부를 수도 있다)

| 번호 | 가 사 | 박자 | 도 해 | 해 설 |
|---|---|---|---|---|
| 11 | 주님을 대항해서 | 4 | | 양손을 차례로 위로 쫙 편다. |
| 12 | 죄를 졌지만 주 | 4 | | ⑪의 상태에서 주먹 쥐고 한 손씩 ×자를 만든다. |
| 13 | 깨선 변함없이 나를 | 4 | ⑪과 동일 | ⑪과 동일. |
| 14 | 사랑하셨네 내 | 4 | | 양손으로 머리를 쓰다듬는다. |
| 15 | 죄를 깨끗하게 씻어 | 4 | | 가슴 앞에서 손을 ×자로 만든 후 양손을 힘있게 내려 준다. |
| 16 | 주신 예수 그 | 4 | | 손바닥을 앞으로 향하게 한 뒤 좌우로 4번 흔들며 내려온다. |
| 17 | 놀라우신 주의 사랑 | 4 | | 한 손을 반짝이며 한 바퀴를 돈다. |
| 18 | 놀라우신 주의 사랑 | 4 | | 다른 한 손을 반짝이며 반대 방향으로 한 바퀴를 돈다. |
| 19 | 놀라우신 하나님 사랑 | 7 | | 양손을 같은 방향으로 원을 그리며 반짝인다. |

## 만약에 62

M. K. Bottens
파이디온 역

❖ 이 곡은 이어지듯 부드럽게 불러야 한다. 예수님의 참사랑을 깨달은 자는 주님만을 찬양하는 삶을 살게 된다. 왜냐하면 세상의 부귀영화보다 주님을 아는 것이 더욱 귀하고 참된 행복이기 때문이다. 마지막에 손뼉치는 부분에서 「아멘」이라고 말을 넣어도 된다. 처음에 늘임표가 있는 「만약에」에선 무언가 비밀스런 이야기를 해줄 것이라는 기대감을 갖을 수 있도록 찬양한다.

| 번호 | 가 사 | 박자 | 도 해 | 해 설 |
|---|---|---|---|---|
| 1 | 만약에 | 3 | | 양손 허리에 대고 오른쪽, 왼쪽 그리고 앞을 한 번씩 쳐다본다. |
| 2 | 예수님을 아는 것이 | 4 | | 성경책을 펴는 동작. |
| 3 | 행복이라면 | 4 | | 두 손 모아 턱 밑에 대고 고개를 끄덕인다. |
| 4 | 예수님의 참 사랑을 | 4 | | ♡모양을 그린다. |
| 5 | 널리 전해요 만약에 | 4 | | 양손을 가슴 앞에서 옆으로 펼친다. |
| 6 | 예수님을 진심으로 | 4 | | 가슴에 ×자로 차례차례 손 얹는다. |
| 7 | 사랑한다면 | 4 | | ⑥의 상태에서 몸을 흔든다. |
| 8 | 기쁨으로 찬양하세요 | 5 | | 양손을 얼굴앞에서 교차하여 좌우로 흔든다. |
| 9 | 아멘 | 2 | | 기도손. |

# 반석에 짓는 지혜로운 자   63

Harry Dixon Loes 편곡

마 7: 24-27

❖ 주님의 가르침을 듣고 따르는 사람은 든든한 반석에 집을 지은 슬기로운 사람과 같고, 듣고 실행하지 않는 사람은 모래 위에 집을 지은 어리석은 사람과 같다는 교훈을 주는 곡이다. 「비가 오고 홍수가 나도」가 3번 반복되는데 이곳을 작게 시작해서 점점 크게 부르면 홍수가 나는 느낌이 더 실감나게 표현될 것이다.

| 번호 | 가 사 | 박자 | 도 해 | 해 설 |
|---|---|---|---|---|
| 1 | 반석에 짓는 | 5 | | 성경책을 펴는 모습. |
| 2 | 지혜로운 자 | $3\frac{1}{2}$ | | 기도손. |
| 3 | 반석에 짓는 | $4\frac{1}{2}$ | | 두 손 모아 턱밑에 대고 고개를 1번 끄덕인다. |
| 4 | 지혜로운 자 | $3\frac{1}{2}$ | | 기도손. |
| 5 | 반석에 짓는 | $4\frac{1}{2}$ | | 오른팔과 왼팔을 교차하여 십자가(十)를 만든다. |
| 6 | 지혜로운 자 | 3 | | 기도손. |
| 7 | 집을 반석에 짓네 | 8 | | 양손을 주먹쥐고 위아래로 맞붙여 2번씩 쳐주면서 손의 위치를 엇갈려 위로 올린다.(3번 반복) |
| 8 | 비가 오고 | 4 | | 양손을 위에서 아래로 내리며 비가 오듯 손가락을 움직여 준다. |
| 9 | 홍수가 나도 | $4\frac{1}{2}$ | | 양손을 몸의 방향을 바꾸어가며 위에서 아래로 당겨 크게 휩쓸듯이 내려준다. |
| 10 | 비가 오고 홍수가 나도 | 8 | ⑧, ⑨와 동일 | ⑧, ⑨와 동일. |
| 11 | 비가 오고 홍수가 나도 | $7\frac{1}{2}$ | ⑧, ⑨와 동일. | ⑧, ⑨와 동일. |
| 12 | 반석위 집 굳건하네 | 8 | | 성경책 펴는 동작을 한 후 ⑦의 동작을 2번 반복한다. |
| 13 | 모래에 짓는 | 5 | | 양손을 차례로 머리 위에 얹는다. |
| 14 | 어리석은 자 | $3\frac{1}{2}$ | | 두 손으로 얼굴을 가린다. |
| 15 | 모래에 짓는 | $4\frac{1}{2}$ | | 가슴손. |
| 16 | 어리석은 자 | $3\frac{1}{2}$ | ⑭와 동일 | ⑭와 동일. |

| 번호 | 가 사 | 박자 | 도 해 | 해 설 |
|---|---|---|---|---|
| 17 | 모래에 짓는 | $4\frac{1}{2}$ | | 한팔씩 차례로 굽히면서 '힘'을 표현해 주는 동작을 한다. |
| 18 | 어리석은 자 | 4 | ⑭, ⑮와 동일 | ⑭, ⑮와 동일. |
| 19 | 집을 모래위에 짓네 | 8 | | 손바닥 펴서 돌린 후 그대로 밑으로 내린다. |
| 20 | 비가 오고 집을 모래에 짓네 | $8\frac{1}{2}$ | ⑧, ⑨와 동일 | ⑧, ⑨와 동일. |
| 21 | 비가 오고 집을 모래에 짓네 | 8 | ⑧, ⑨와 동일 | ⑧, ⑨와 동일. |
| 22 | 비가 오고 집을 모래에 짓네 | 7 | ⑧, ⑨와 동일 | ⑧, ⑨와 동일. |
| 23 | 모래 위집 무너지네(후) | 8 | | ⑲와 동일하게 한후 양손을 입앞으로 당겨 '후' 하고 불어준다. |

# 64. 사랑의 주 닮기 원해요

Lavern Karns

❖ 초등부 어린이들은 겸손, 용서, 진리라는 단어가 익숙하지만 유년부 어린이들은 약간 어려운 개념이다. 가사를 바꿔서 부르든지 아니면 구체적인 생활의 예를 들어 설명해 주면 깊은 묵상이 가능하다. 예배 전이나 후에 다짐의 곡으로 사용할 수도 있다.

# 65. 불평스러워 난 만족해

Lois Kempton
이승옥 역

불평스러 워 (아후) 난 만족 해 (아하) 짜증스러 워 (으으) 난 기뻐
요 (라라) 나의 왕 내 주 하나님은 나를 사 랑해 기쁜
찬송 주께 드 려 요! 불평스러워 요

❖ 우리 삶 가운데는 불평스러울 때도 있고 짜증스러울 때도 있다. 그러나 어떤 상황에서든지 우리는 주님을 찬양할 수 있어야 한다. 왜냐하면 내 주 되시는 하나님이 나를 사랑하시기 때문이다. 「아후」, 「아하」, 「으으」, 「라라」 등의 소리를 내며 그 상황에 맞는 표정들을 지어 표현하도록 한다.

| 번호 | 가 사 | 박자 | 도 해 | 해 설 |
|---|---|---|---|---|
| 1 | 불평스러워(아후) | $3\frac{1}{2}$ | | '워'에서 양볼에 주먹손을 대고 찡그리는 얼굴을 한다. |
| 2 | 난 만족해(아하) | 4 | | '해'에서 가슴에 ×자로 손 얹고 '아하'에서 어깨를 으쓱한다. |
| 3 | 짜증스러워(으으) | $3\frac{1}{2}$ | | '워'에서 양손의 검지 손가락을 이마에 대고 '으으'에서 짜증스러 표정을 짓는다. |
| 4 | 난 기뻐요(라라) | 4 | | 얼굴 앞에서부터 양옆으로 손으로 원을 그려주며 펼쳐준다. |
| 5 | 나의 왕 내 주 하나님은 | $4\frac{1}{2}$ | | 엄지 손가락 세워 한 손씩 앞으로 내민다. |
| 6 | 나를 사랑해 | 4 | | 손가락으로 ♡를 그려준다. |
| 7 | 기쁜 찬송 주께 드려요! | 6 | | 원을 그려 가면서 손뼉을 치되 양손을 위 아래로 돌려가며 쳐준다. |

# 66 예수님 안에서

❖ 형제가 적고 '우리'보다는 '나'를 먼저 생각하는 요즘, 예수님 안에서 하나 된 우리가 가져야 할 마음과 태도를 잘 표현한 곡이다. 하나된 형제, 자매, 우리 등 다른 표현을 사용했지만 가장 강조되어야 할 내용이 바로 주님의 백성임을 기억하며 찬양하게 한다.

| 번호 | 가 사 | 박자 | 도 해 | 해 설 |
|---|---|---|---|---|
| 1 | 예수님 안에서 | 7 | | 양팔을 교차하여 십자가를 만든 후 위로 돌려 옆으로 편다. |
| 2 | 우린 한 형제 | 7 | | 어깨동무하여 옆으로 흔든다. |
| 3 | 예수님 안에서 | 7 | ①과 동일 | ①과 동일. |
| 4 | 우린 한 자매 | 7 | | 옆친구와 손 잡고 흔든다. |
| 5 | 기쁜 일도 | 4 | | 두손을 얼굴 앞에 나란히 펴서 좌우로 흔든다. |
| 6 | 슬픈 일도 | 4 | | 양손 번갈아 가며 눈물 흘리는 모습. |
| 7 | 함께 나눠요 | 7 | | 옆사람과 손을 엇갈려 잡고 흔든다. |
| 8 | 예수님 안에서 | 7 | ①과 동일 | ①과 동일. |
| 9 | 우린 한 가족 | 7 | | 손잡고 위로 3번 올린다. |

# 67 예수님처럼 생각할래요

홍현주 작사
김동원 작곡

1. 예 수 님    처 - 럼    생 각 할 래    요 -
2. 예 수 님    처 - 럼    순 종 할 래    요 -

예 수 님    처 - 럼    말 - 할 래    요
아 - 멘    아 - 멘    자 라 갈 래    요

❖ 누가복음 2:52의 말씀이 중심이 되는 찬양곡으로 예수님이 지적, 신체적, 정서적, 사회적인 모든 부분에서 온전하게 성장하신 것처럼 어린이들도 모든 면에서 예수님을 닮아가기를 고백하는 곡이다. 유치부에 알맞는 곡으로 조금 천천히 부른다.

| 번호 | 가 사 | 박자 | 도 해 | 해 설 |
|---|---|---|---|---|
| 1 | 예수님 | 3 | | 한 손을 위로 올린다. |
| 2 | 처럼 | 3 | | ①의 상태에서 다른 한 손을 가슴에 얹는다. |
| 3 | 생각할래요 | 6 | | 한손의 검지손가락을 이마에 대고 그 팔꿈치를 다른 한 손으로 받쳐준다. |
| 4 | 예수님처럼 | 6 | ①, ②와 동일 | ①, ②와 동일. |
| 5 | 말할래요 | 5 | | 양손을 입가에 대고 손가락 움직인다. |
| 6 | 예수님처럼 | 6 | ①, ②와 동일 | ①, ②와 동일. |
| 7 | 순종할래요 | 6 | | 양손을 모아 턱 밑에 대고 고개를 끄덕인다. |
| 8 | 아멘 | 3 | | 손을 올려 반짝인다. |
| 9 | 아멘 | 3 | | 기도손 |
| 10 | 자라갈래요 | 5 | | 엄지 손가락 세워 아래로 한번, 위로 한번씩 향하게 하며 위로 올라간다. |

# 68 어느 날 난 짝꿍에게서

박연훈 작사
박연훈 작곡

1. 어느 날 난 짝꿍에게서 좋은 소식 들었죠
2. 오늘 난 친구들에게 좋은 소식 전해요

예수 믿고 구원받아 영생 얻으래요
예수 믿고 구원받아 승리 생활하라구요

참 좋아- 참 좋아- 나는 참 좋아

그날 이후 믿음으로 하나님의 자녀 됐어요
그날 이후 행함으로 예수님의 증인 됐어요

❖ "친구와 나눌 수 있는 가장 기쁜 소식은 무엇일까요?" 이런 물음에 어린이의 입에서 어떤 대답이 나올까? 이 찬양은 어린이가 가장 기쁜 소식 즉, '복음'을 듣고 영생을 얻은 후에 참으로 좋아하는 내용이다. 더불어 이 복음을 친구에게 전할 수 있는 용기를 갖도록 해준다.

| 번호 | 가 사 | 박자 | 도 해 | 해 설 |
|---|---|---|---|---|
| 1 | 어느 날 난 | 4 | | 엄지와 중지 맞부딪치며 '딱' 소리를 낸다. |
| 2 | 짝꿍에게서 | 4 | | 옆친구와 손을 맞부딪친다. |
| 3 | 좋은 소식 들었죠 | 7 | | 엄지손가락 돌리며 가슴에서 위로 올린다. (3번) |
| 4 | 예수 믿고 | 4 | | 기도손. |
| 5 | 구원 받아 | 4 | | 두손을 앞으로 나란히 내밀어 지그재그로 위로 올린다. |
| 6 | 영생 얻으래요 | 7 | | 원을 그려 반작이며 올린다 |
| 7 | 참 좋아 | 4 | | 오른쪽에서 한 손씩 차례차례 손가락 두번 퉁기고 박수 두 번 친다. |
| 8 | 참 좋아 | 4 | | ⑦을 왼쪽에서. |
| 9 | 나는 참 좋아 | 7 | | 엄지손가락으로 자신을 향해 두 번 찍고 손가락을 맞부딪쳐 한 번 '딱'소리를 낸 다음 춤을 춘다. |
| 10 | 그날 이후 | 4 | | 가슴 앞에서 손을 안쪽에서 바깥쪽으로 편다. |
| 11 | 믿음으로 | 4 | | 기도손. |
| 12 | 하나님의 자녀됐어요 | 7 | | 손을 올려 반짝거린다. |

# 69   서로 서로 사랑해요

서로서로   사랑해요    서로서로   예뻐져요

서로서로   사랑하면    하나님이   기뻐해요
　　　　　　　　　　 예수님이   기뻐해요

❖ 유아부부터 성인에 이르기까지 교제의 시간에 부를 수 있는 곡이다. 서로 마주 보면서 율동하도록 만들어져서 모임의 첫시간에 부르면 분위기가 한결 부드러워질 것이다.

| 번호 | 가 사 | 박자 | 도 해 | 해 설 |
|---|---|---|---|---|
| 1 | 서로서로 | 3 | | 둘씩 짝지어 두 손을 서로 맞잡고 양쪽으로 흔든다. |
| 2 | 사랑해요 | 2 | | 서로 끌어 안는다. |
| 3 | 서로서로 | 3 | ①과 동일 | ①과 동일. |
| 4 | 예뻐져요 | 2 | | 상대방의 볼을 쓰다듬어 준다. |
| 5 | 서로서로 사랑하면 | 5 | ①, ②와 동일 | ①, ②와 동일. |
| 6 | 하나님이 | 3 | | 양손을 위로 올린다. |
| 7 | 기뻐해요 | 2 | | 반짝이며 위에서 아래로 내려온다. |
| 8 | 예수님이 기뻐해요 | 5 | ⑥, ⑦과 동일 | ⑥, ⑦과 동일. |

# 이른 아침 기도

M. K. Bottens
김성호 역

❖ 기도하는 사람만이 기도의 참 맛을 알 수 있다. 이 곡은 늘 기도함으로 얻는 마음의 평강을 이야기해 준다. 그리고 우리의 모든 기도를 들으시는 하나님을 찬양하고 있다. 곡의 분위기 상 기도송으로 부르기에 알맞다. 율동없이 눈을 감고 찬양만 부르거나 또는 피아노 반주에 맞춰 율동만으로 찬양드려도 좋다.

| 번호 | 가 사 | 박자 | 도 해 | 해 설 |
|---|---|---|---|---|
| 1 | 이른 아침 기도하 | 9 | | 기지개를 켠다. |
| 2 | 고 | 3 | | 기도손. |
| 3 | 한낮에도 기 | 6 | | 얼굴 앞에서 두 손을 겹쳐 가리고 있다가 해가 나오듯 얼굴 앞 두 손을 양쪽으로 벌린다. |
| 4 | 도 하죠 | 6 | | 기도손 |
| 5 | 해 저물 때 기도 | 6 | | ③과 반대 동작, 두 손을 얼굴 앞으로 모아 겹쳐 가린다. |
| 6 | 하면 | 6 | | 기도손 |
| 7 | 잠잘 때도 평안 | 11 | | 두 손을 붙여 한쪽 귓가에 갖다 대어 잠자는 모습을 하며 살짝 미소짓는다. |
| 8 | 하나님은 아침 | 6 | | 팔을 한 쪽씩 들어 하늘을 향하게 한다. |
| 9 | 에도 | 6 | ①과 동일 | ①과 동일. |
| 10 | 하나님은 한 | 6 | ⑧과 동일 | ⑧과 동일. |
| 11 | 낮에도 | 6 | ③과 동일 | ③과 동일. |
| 12 | 해 저물어 어두 | 6 | ⑤와 동일 | ⑤와 동일. |
| 13 | 워도 | 6 | | 두 손으로 얼굴을 가리고 좌우로 고개를 흔든다. |
| 14 | 기도 들어줘요 | 11 | ②와 동일 | ②와 동일. |

# 자! 복음의 씨 뿌려 71

Jeanne Allen
파이디온 역

❖ 처음의 「자!」 부분에서는 중요한 사실을 보여준다는 식으로 어린이들의 시선을 모을 수 있도록 한다. 이 곡은 전도, 양육, 성장의 모든 부분을 담고 있다. 「복음의 씨 뿌려」에서는 어린이가 전도의 대상을 생각하고, 그 대상을 위해 계속적인 기도를 할 수 있는 기회를 갖게 한다.

| 번호 | 가 사 | 박자 | 도 해 | 해 설 |
|---|---|---|---|---|
| 1 | 자 | 2 | | 한 손을 앞으로 내민다. |
| 2 | 복음의 씨 뿌려 | $5\frac{1}{2}$ | | 양손의 손가락을 한꺼번에 모았다 펴며 씨 뿌리는 흉내를 낸다. |
| 3 | 맘 | 2 | | 가슴손. |
| 4 | 깊숙히 일구어 | $5\frac{1}{2}$ | | 양손을 마주보게 돌리며 아래로 내려간다. |
| 5 | 기도로써 | 4 | | 기도손 |
| 6 | 덮고 | $3\frac{1}{2}$ | | 양손의 손등이 위로 보게 하여 누르는 동작을 한다. |
| 7 | 사랑으로 | $3\frac{1}{2}$ | | ♡ 모양을 그린다. |
| 8 | 물 주고 가꿔 | 5 | | 위에서 아래로 물결 모양을 한다. |
| 9 | 주 예수님 | 4 | | 기도손 |
| 10 | 제자로 | $3\frac{1}{2}$ | | 양손을 옆으로 반쯤 들어 벌리고 어깨를 으쓱인다. |
| 11 | 자랄 수 있도록 | $8\frac{1}{2}$ | | 손을 번갈아 놓으며 위쪽으로 올라간다. |
| 12 | 복음의 씨 뿌려요 | 7 | ②와 동일 | ②와 동일. |
| 13 | 매일 어느 곳이나 | 9 | | 가슴에서부터 양옆으로 원을 그리듯이 손을 펼쳐 준다. |

## 캄캄한 밤하늘에 72

❖ 이 곡은 성탄절에 부를 수 있는 절기 찬양이다. 예수님의 탄생을 진심으로 기뻐하며 축하하는 마음으로 부른다. 유아, 유치부에 적합한 곡이다.

| 번호 | 가 사 | 박자 | 도 해 | 해 설 |
|---|---|---|---|---|
| 1 | 캄캄한 밤 | 2 | | 한 손으로 한쪽 눈을 가린다. |
| 2 | 하늘에 | 2 | | 반대 손으로 반대쪽 눈을 가린다. |
| 3 | 천사들이 나타나 | 4 | | 양팔을 벌려 날개짓을 하며 천사를 표현한다. |
| 4 | 아기 예수 태어나심 | 4 | | 한손으로 아기를 안고 아기를 토닥토닥 거리는 모습. |
| 5 | 기뻐 노래 하였네 | 4 | | 입앞에서 한 손의 엄지와 다른 손의 새끼 손가락을 연결하여 벌려준 다음 손가락을 움직이며 좌우로 움직인다. |
| 6 | 예수 | 3 | | 두 팔을 벌려 반짝인다. |
| 7 | 아기 예수 | 5 | ④와 동일 | ④와 동일. |
| 8 | 예수 | 3 | | 두 팔을 위로 올려 반짝인다. |
| 9 | 아기 예수 | 4 | | 가슴손을 하고 두 눈을 감은 다음 고개를 끄덕거린다. |
| 10 | 예수 | 3 | | 두 팔을 앞으로 내밀고 반짝거린다. |
| 11 | 아기 예수 | 4 | | 두 손을 모아 한쪽 귓볼에 갖다 대고 눈을 감는다. |
| 12 | 즐거운 성탄절 | 7 | | 두 손을 반짝이며 아래로 원을 그린다. |

# 갈릴리 바다에서

73

정봉채 작사
김명식 작곡

❖ 예수님께서 베드로를 부르셔서 하나님의 일꾼이 되게 하는 신앙고백적 찬양이다. 3절 둘째 소절 「○○○야」에는 자신의 이름을 넣어서 바꿔 부른다. 사람낚는 어부에 대해서 바른 설명을 해주고, 율동시에 사람낚는 어부를 낚시질하듯 표현하지 않도록 유의하라. 사람낚는 어부는 전도의 삶을 사는 제자를 표현하므로 그것에 맞는 율동을 한다.

| 번호 | 가 사 | 박자 | 도 해 | 해 설 |
|---|---|---|---|---|
| 1 | 갈릴리 | 4 |  | 한 쪽에서 대각선으로 물결치며 내려온다. |
| 2 | 바다에서 | 4 |  | 앞에서 양옆으로 물결치며 펼쳐준다. |
| 3 | 고기잡는 베드로 | 7 |  | 고기잡는 것처럼 그물을 들어 올리는 동작 |
| 4 | 모든 것을 | 4 |  | 양손으로 머리 2번, 어깨 2번 두드린다. |
| 5 | 다 버리고 | 4 |  | 두손을 아래로 내려치며 물건을 잡았다 버리는 동작 |
| 6 | 주를 따라나섰네 | 7 |  | 한 손 올리고 올린 손 방향으로 다른 한 손도 따라 올라간다. |
| 7 | 이제부터 | 4 |  | 손뼉 1번 |
| 8 | 사람 낚는 | 4 |  | 한 손으로 사람을 가리키며 펼쳐준다. |
| 9 | 어부되게 하리라 | 7 |  | 입에 대고 말하는 모습 |
| 10 | 이제부터 사람 낚는 어부되게 하리라 | 15 | ⑦~⑨와 동일 | ⑦~⑨와 동일. |

## 그때 우리 74

이미경 작사
이미경 작곡

❖ 반드시 다시 오실 예수님에 대한 확신을 고백하는 찬양으로 활기차고 기쁘게 부른다. 「내 이름을 부르네」에서는 직접 자신의 이름을 「내 이름 부르네 ○○아」라고 불러본다. 「주님 맞으러」 부분을 강조한다. 이는 주님의 재림을 어린이들도 사모하도록 하는 효과를 줄 수 있기 때문이다.

| 번호 | 가 사 | 박자 | 도 해 | 해 설 |
|---|---|---|---|---|
| 1 | 그때 우리 | 4 |  | 자기의 손바닥 1번, 옆 사람 손바닥을 1번씩 번갈아 가며 친다. |
| 2 | 할렐루야 | 4 | 방향을 바꾸어 ①과 동일 | ①과 동일하게 하되 방향을 바꾸어 친다. |
| 3 | 기뻐 외치 | $3\frac{1}{2}$ |  | 얼굴 앞에서 손을 내밀어 세워 좌우로 흔든다. |
| 4 | 며 | $4\frac{1}{2}$ |  | 나팔 부는 동작 |
| 5 | 공중 올라 | 4 |  | 양손바닥 위로 향하게 하여 차례로 내민다. |
| 6 | 가겠네 | 4 |  | ⑤의 상태에서 손을 위로 올린다. |
| 7 | 주님 맞으러 | 6 |  | 옆 사람을 안아준다. |
| 8 | 나팔 소리 | $3\frac{1}{2}$ |  | '리'에서 손뼉 4번을 친다.(8박자로 빨리) |
| 9 | 내 이름을 | $3\frac{1}{2}$ |  | 가슴손. |
| 10 | 부르네(○○○야) | 6 |  | 입가에 손을 대고 부르는 모습 |
| 11 | 랄라랄라 랄라랄라 | 4 |  | 손을 위로 올려 반짝인다. |
| 12 | 주님 맞으러 | 8 | ⑦과 동일 | ⑦과 동일. |
| 13 | 주님 맞으 | 4 |  | 옆 사람과 손을 잡는다. |
| 14 | 러 | 4 |  | ⑬의 상태에서 손을 위로 올린다. |

## 나의 손은 손뼉쳐서 75

❖ 매우 흥겨운 찬양곡으로 초등부에 적당하다. 온몸으로 찬양을 드림으로 찬양의 기쁨을 맛보게 한다. 가능하면 일어나 찬양을 하게 한다. 찬양은 입술로만 아니라 나의 손, 발, 심장, 즉 내 몸의 모든 부분을 사용하여 드릴 수 있는 것이다. 찬양은 뛰면서도, 춤추면서도, 각종 악기를 사용하여서도 가능하다. 그럴 때 우리가 하나님께 드리는 찬양은 더욱 풍성해질 것이다.

| 번호 | 가 사 | 박자 | 도 해 | 해 설 |
|---|---|---|---|---|
| 1 | 나의 손은 | 4 | | 손뼉을 좌우 한 번씩 밑에서 위로 올려친다. |
| 2 | 손뼉 쳐서 | 4 | | 손뼉 1회치고 양손을 대각선으로 크게 벌린다. |
| 3 | 예수님을 찬양해 | 7 | | 한 팔씩 번갈아 가며 굽혀 준다. (우리나라 아리랑 춤 동작) |
| 4 | 나의 발은 | 4 | | 양발을 번갈아 뛴다. |
| 5 | 뜀을 뛰어 | 4 | | 뜀을 뛰며 한 바퀴 돈다. |
| 6 | 예수님을 찬양해 | 7 | ③과 동일 | ③과 동일. |
| 7 | 힘차게 | 3 | | 머리 위에서 손뼉 1회 하고 좌우로 손을 펼친다. |
| 8 | 부드럽게 | 4 | | 머리 위에서 양손을 ×자로 교차시켰다 다시 펼친다. |
| 9 | 예수님을 찬양해 | 7 | | 양손의 팔꿈치 잡고 가볍게 팔짱을 낀 다음 몸을 살짝 흔든다. |
| 10 | 나의 심장은 | 4 | | 양손을 들어 한쪽 가슴에 겹쳐 놓는다. |
| 11 | 숨을 쉬어 | 4 | | ⑩의 상태에서 손을 두드리 듯 움직인다. |
| 12 | 예수님을 찬양해 | 7 | ⑨와 동일 | ⑨와 동일. |

## 나의 제일 좋은 친구　　76

박가원 작사
서문옥 작곡

❖ 나의 제일 좋은 친구 예수님을 자랑하듯이 찬양을 부른다. 여기서 「예수님」을 작게, 「주예수님」을 크게 부르면 더 재미있게 부를 수 있다. 자랑을 하면 신이 나는 것처럼 기쁜 마음으로 신나게 찬양을 부르게 한다. 당김음에 악센트를 주어 찬양을 한다.

| 번호 | 가 사 | 박자 | 도 해 | 해 설 |
|---|---|---|---|---|
| 1 | 나의 제일 | 4 | | 가슴손. |
| 2 | 좋은 친구 | 4 | | ①의 상태에서 몸을 뒤로 젖혔다가 엄지 손가락을 앞으로 내민다. |
| 3 | 예수님 주 예수님 | 8 | | 양손을 입에 대고 처음은 작게 두번째는 크게 부른다. |
| 4 | 기쁨으로 | 4 | | 양손의 손바닥을 앞으로 향하여 가슴 앞에서 좌우로 흔든다. |
| 5 | 찬양해요 | 4 | | 오른손을 앞에서 원을 그리며 돌려 준다. |
| 6 | 찬양해요 | 4 | | 왼손을 앞에서 원을 그리며 돌려 준다. |
| 7 | 찬양해요 | 4 | | 양손을 동시에 원을 그리며 돌려 준다. |
| 8 | 나의 제일 좋은 친구 | 8 | ①, ②와 동일 | ①, ②와 동일. |
| 9 | 예수님 찬양합니다 | 7 | | 양손을 한 방향으로 반짝거리며 돌려 준다. |
| 10 | 기쁨으로 | 4 | ④와 동일 | ④와 동일. |

| 번호 | 가 사 | 박자 | 도 해 | 해 설 |
|---|---|---|---|---|
| 11 | 할렐루야 | 4 | | 손뼉을 3번 친다. |
| 12 | 예수님 찬양합니다 | 7 | ⑨와 동일 | ⑨와 동일. |
| 13 | 나의 제일 좋은 친구 | 8 | ①, ②와 동일 | ①, ②와 동일. |
| 14 | 예수님 주 예수님 | 8 | ③과 동일 | ③과 동일. |
| 15 | 참맘으로 | 4 | | 가슴손. |
| 16 | 사랑해요 | 4 | | ♡을 오른쪽에서 손을 모아 아래에서 위로 그린다. |
| 17 | 사랑해요 | 4 | | 왼쪽에서 ⑯의 동작. |
| 18 | 사랑해요 | 4 | | ♡를 그리듯 손을 위에서 모아 아래로 펼쳐 준다. |
| 19 | 나의 제일 좋은 친구 | 8 | ①, ②와 동일 | ①, ②와 동일. |
| 20 | 예수님 사랑합니다 | 7 | | 엄지손가락 세워 지그재그로 원을 그려가며 돌려 준다. |
| 21 | 참맘으로 | 4 | ⑮와 동일 | ⑮와 동일. |
| 22 | 사랑해요 | 4 | | 가슴 앞에서 ♡를 그려 준다. |
| 23 | 예수님 사랑합니다 | 7 | ⑳와 동일 | ⑳와 동일. |

# 77 난! 할 수 있어요

이형구 작사
김승용 작곡

❖ 예배시간 전에 어린이들로 하여금 예수님께서 함께 하셔서 예배, 찬양, 전도를 할 수 있음을 고백하게 하는 찬양이다. 이 모든 것들을 내 힘으로 할 수 있는 것이 아니고 주님께서 나를 사용하시고, 도우심으로 가능함을 어린이들이 깨닫도록 지도한다. 이 찬양을 통해 어린이들이 힘과 용기와 자신감을 얻게 될 것이다.

| 번호 | 가 사 | 박자 | 도 해 | 해 설 |
|---|---|---|---|---|
| 1 | 난 할 수 있어요 (×2) | 8 | | 각 손 반대편 가슴에 댔다가 손가락으로 V자 만들어 올린후 양손 좌우로 엇갈려 **흔든다** |
| 2 | 신령 | $2\frac{1}{2}$ | | 오른손을 위로 올린다. |
| 3 | 과 | $1\frac{1}{2}$ | | 오른손을 머리에 얹는다. |
| 4 | 진정으로 | $4\frac{1}{2}$ | | 가슴손 |
| 5 | 예배할 수 있어요 | 8 | | 천천히 기도손 |
| 6 | 즐거운 | 4 | | 양손을 차례로 위로 올린다. |
| 7 | 마음으로 | $4\frac{1}{2}$ | | 올린 손의 손가락을 움직이며 물결치듯 내려와 가슴손 |
| 8 | 찬양할 수 있어요 | 8 | | 두 번씩 방향 바꾸어 나팔부는 모습 |
| 9 | 담대한 마음으로 | $8\frac{1}{2}$ | | 가슴손 한 후 어깨 으쓱으쓱한다. |
| 10 | 전도할 수 있어요 | 8 | | 양손 입에 대고 방향 바꾸어 가며 전하는 모습 |

# 78 내가 주의 사랑을

여상원 작곡

❖ 초등부 어린이들의 곡으로 예배시간에 사용할 수도 있다. 한없이 많은 하늘의 별, 바다의 모래들을 이야기하면서 찬양하게 한다.「오」부분 뒤에 두 박자 쉬는 것을 지키고,「오」를 조용하게 끊어서 부르면 곡의 단조로움을 피할 수 있다. 너무 느리지 않게 부르도록 한다.

| 번호 | 가 사 | 박자 | 도 해 | 해 설 |
|---|---|---|---|---|
| 1 | 내가 주의 | 6 | | 가슴에 한 손씩 차례로 X자로 얹는다. |
| 2 | 사랑을 | 6 | | ♡모양을 만든다. |
| 3 | 영원히 | 3 | | ♡한 상태의 손을 옆으로 그대로 옮겨 간다. |
| 4 | 노래하며 | 8 | | 한 손만 위로 펼치며 손가락 움직이면서 반원을 그린다. |
| 5 | 주의 구원을 | 6 | | 양손을 밑으로 내렸다 위로 올려 준다. |
| 6 | 내 입으로 | 6 | | 양손 입에 갖다 댄다. |
| 7 | 전합니다 | 11 | | 한 손씩 입에서 내려주며 옆으로 펼쳐 준다. |
| 8 | 하늘의 | 3 | | 한 손을 돌리듯 위로 올려 준다. |
| 9 | 별과 | 2 | | 올린 손의 손가락을 움직이며 내린다. |
| 10 | 바다의 | 3 | | 한 손을 앞쪽으로 펼치며 반원을 그린다. |
| 11 | 모래같이 하나님의 | 6 | | 손가락을 비벼 모래를 만지는 것처럼 하며 옆으로 간다. |
| 12 | 사랑을 | 6 | | 한 손을 옆으로 뻗어 내민다. |
| 13 | 찬양합니다 | 6 | ④와 동일 | ④와 동일 |
| 14 | 오 | 1 | | 양손의 손목 있는 부분을 마주쳐 원을 그려 준다. |
| 15 | 나의 예수님 | 9 | ⑤와 동일 | ⑤와 동일 |
| 16 | 나의 주님 | 11 | | 기도손 |

# 79  너와 나는 좋은 친구

정봉채 작사
김명식 작곡

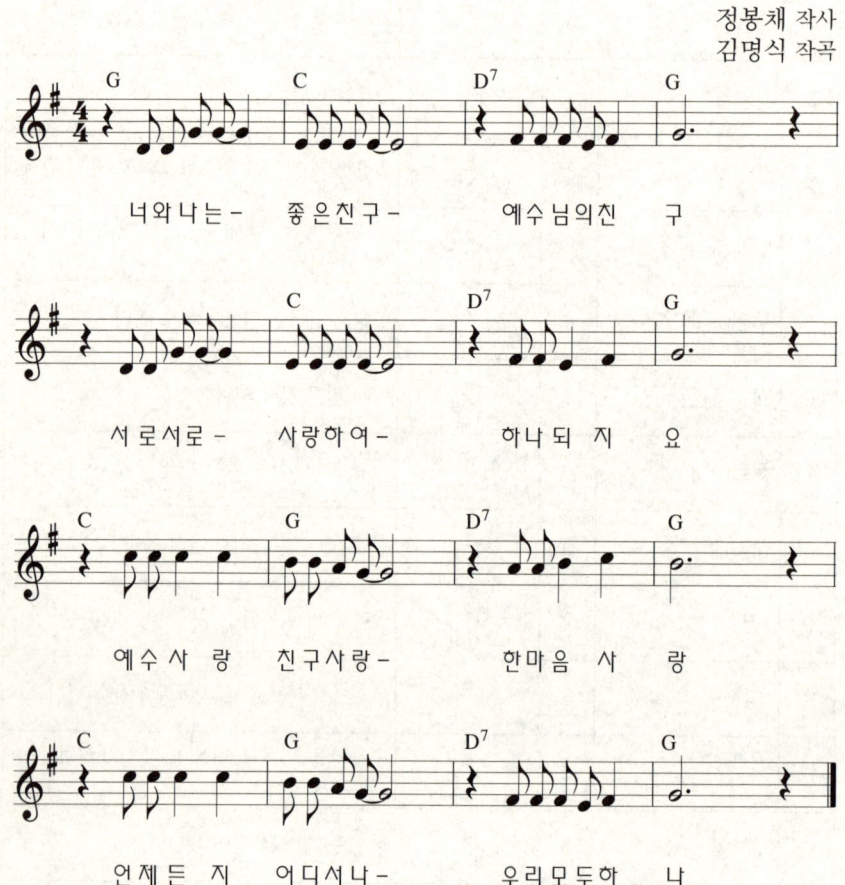

너와 나는- 좋은친구- 예수님의친 구
서로서로- 사랑하여- 하나되지 요
예수사랑 친구사랑- 한마음 사 랑
언제든지 어디서나- 우리모두하 나

❖ 우리 믿는 자들은 한 몸의 지체임을 강조하는 찬양이다. 즉, 머리되신 예수님을 통해 우리 모두가 좋은 친구가 되어 서로 사랑하며 살아야 함을 알려 준다. 쉼표를 주의하여 찬양을 지도하라.

# 마음속 죄악으로    80

김성호 작사
김명식 작곡

❖ 죄인이었던 우리가 새생명을 얻은 후에 복음을 전하고 제자 삼는 일에 헌신하는 과정을 담고 있다. 바로 그리스도인의 삶이 어떠해야함을 가르쳐 주는 찬양이다. 가사가 매우 복음적이면서도 신앙고백적이다. 가사의 의미를 생각하며 부르도록 인도하라.

| 번호 | 가 사 | 박자 | 도 해 | 해 설 |
|---|---|---|---|---|
| 1 | 마음속 | $3\frac{1}{2}$ | | 양손을 차례차례 가슴에 ×자로 얹는다. |
| 2 | 죄악으로 | $4\frac{1}{2}$ | | 양손 주먹 쥐고 가슴 앞에서 ×자로 내민다. |
| 3 | 가득 찼을 때 | 8 | | 양쪽에서 손을 내밀며 손가락 끝을 마주 붙인 다음 방향을 옮겨가며 앞으로 나아간다. |
| 4 | 너와 나 | $3\frac{1}{2}$ | | 한 손으로 상대방과 자신을 가리킨다. |
| 5 | 우리 모두 | $4\frac{1}{2}$ | | 양손을 맞잡고 흔든다. |
| 6 | 옛사람이네 | 8 | | 양손으로 얼굴을 가리고 고개를 숙인다. |
| 7 | 우리 구주 | 4 | | 양손을 위로 뻗는다. |
| 8 | 예수 믿고 | 4 | | 기도손 |
| 9 | 거듭난 | 4 | | 양손을 마주 세워 물레방아식으로 엇갈려 돌린다. |
| 10 | 지금 | 4 | | 허리손. |
| 11 | 너와 나 우리 모두 | 8 | ④, ⑤와 동일 | ④, ⑤와 동일. |
| 12 | 새사람됐네 | 8 | | 양손을 가슴에서부터 양옆으로 펼친다. |
| 13 | 우리 죄 | $3\frac{1}{2}$ | ②와 동일 | ②와 동일. |
| 14 | 대신 지고 | $4\frac{1}{2}$ | | 양옆으로 손을 뻗는다. |
| 15 | 죽으신 | 3 | | ⑮의 상태에서 고개를 숙인다. |
| 16 | 예수님 | 5 | | 기도손 |
| 17 | 너와 나 우리 모두 | 8 | ④, ⑤와 동일 | ④, ⑤와 동일. |

| 번호 | 가사 | 박자 | 도해 | 해설 |
|---|---|---|---|---|
| 18 | 믿기만 하면 | 8 | | 기도손. |
| 19 | 부활이요 | 4 | | 양손바닥을 펴서 지그재그로 위로 올린다. |
| 20 | 생명이신 | 4 | | ♡모양을 그린다. |
| 21 | 예수님께서 | 8 | | 기도손. |
| 22 | 너와 나 우리 모두 | 8 | ④, ⑤와 동일 | ④, ⑤와 동일. |
| 23 | 새 생명 주네 | 8 | | 손뼉을 좌우에서 각각 2번, 가운데에서 3번씩 친다. |
| 24 | 온 천하 만민에게 | 8 | | 한 손씩 옆으로 펼친다. |
| 25 | 복음 전하 | 5 | | 성경책 펴는 모습. |
| 26 | 라 | 3 | | 양손 입에 대고 부르는 모습. |
| 27 | 제자들 | $3\frac{1}{2}$ | | 바깥쪽으로 손을 펼친다. |
| 28 | 세우시고 | $4\frac{1}{2}$ | | 오른손을 굽혀 세우고 왼손으로 받쳐준다. |
| 29 | 명령하셨네 | 8 | | 반대편 손으로 ㉗과 동일. |
| 30 | 말씀듣고 | 4 | | 성경책 펴는 모습. |
| 31 | 순종하는 | 4 | | 두손을 포개서 턱에 대고 고개를 두번 끄덕거린다. |
| 32 | 하나님 자녀 | 8 | | 양손을 위로 올려 반짝인다. |
| 33 | 온 천하 다니면서 | 8 | ㉕와 동일 | ㉕와 동일. |
| 34 | 제자 삼으세 | 8 | | 옆사람과 양팔을 엇갈리게 손을 잡고 흔든다. |

# 81 예수님 우리를 사랑하세요

이형구 작사
김승용 작곡

1. 예 수 님     우 리 를     사 랑 하 세     요
2. 우 리 도     예 수 님 을     사 랑 할 래     요

언 제 나     우 리 를     돌 봐 주 세     요
언 제 나     우 리 를     사 랑 하 니     까

❖ 조금 느리게 기도하는 마음으로 부른다. 예수님이 우리를 사랑하고 돌보아 주신다는 점을 강조하여 어린이의 삶 가운데 예수님이 어린이를 어떤 식으로 돌보시고 계신지 구체적인 예를 들어 설명해 준다. 「우리」대신 자신의 이름을 넣어 부르면 신앙고백적인 의미가 강하게 나타난다.

| 번호 | 가 사 | 박자 | 도 해 | 해 설 |
|---|---|---|---|---|
| 1 | 예수님 | 4 | | 손을 위로 차례로 올려준다. |
| 2 | 우리를 | 4 | | 가슴손. |
| 3 | 사랑하세 | 4 | | ♡을 그린다. |
| 4 | 요 | 4 | | 가슴손 하고 몸을 약간 흔들어 준다. |
| 5 | 언제나 | 4 | | 얼굴 앞에서 양손을 위로 올려 뻗어 펼쳐준다. |
| 6 | 우리를 | 4 | | 가슴손 |
| 7 | 돌봐 주세 | 4 | | 양손 이마 위에 대고 살피는 모습 |
| 8 | 요 | 4 | | 기도손 |
| 9 | 우리도 | 4 | | 가슴손 |
| 10 | 예수님을 | 4 | ①과 동일 | ①과 동일 |
| 11 | 사랑할래 | 4 | ③과 동일 | ③과 동일 |
| 12 | 요 | 4 | ④와 동일 | ④와 동일 |
| 13 | 언제나 | 4 | ⑤와 동일 | ⑤와 동일 |
| 14 | 우리를 | 4 | | 가슴손 |
| 15 | 사랑하니 | 4 | | 가슴손 한 후 고개를 끄덕인다. |
| 16 | 까 | 4 | | 기도손 |

❖ 나를 위해 십자가에서 고통 당하신 주님의 사랑을 감사하여 부르는 찬양곡이다. 묵도송으로 적합하며 조금 느리고 차분하게 부른다. 「나를 위하여... 죽으신 주님의 사랑이」에서 잠깐 멈추어 기도시간을 갖을 수도 있다. 조용한 곡이나 주님의 사랑을 감사하여 기쁨을 찬양하는 곡으로 밝은 표정으로 불러야 한다.

| 번호 | 가 사 | 박자 | 도 해 | 해 설 |
|---|---|---|---|---|
| 1 | 예수님의 | $5\frac{1}{2}$ | | 천천히 기도손 |
| 2 | 사랑이 | $2\frac{1}{2}$ | | ♡을 만든다. |
| 3 | 내 마음에 | 7 | | 가슴손 |
| 4 | 가득 찰 때에 | 7 | | 몸을 굽혀 일어나면서 작은 원을 그려가며 위로 올라간다. |
| 5 | 나는 | 2 | | 손을 완전히 위로 올려준다. |
| 6 | 찬양 드립니다 | 8 | | 양손을 입 앞으로 가져왔다가 다시 손을 뻗어 양쪽으로 펼쳐 준다. |
| 7 | 나를 위하여 | 4 | | 오른손으로 왼쪽 가슴을 짚은 후 옆으로 손을 펼쳐 준다. |
| 8 | 십자가에서 | 4 | | ⑦의 상태를 반대로 한다. |
| 9 | 죽으신 주님의 | 3 | | ⑧의 상태에서 고개를 떨군다. |
| 10 | 사랑이 | 4 | | 가슴손 |
| 11 | 가득 찰 때에 | 7 | ④와 동일 | ④와 동일 |
| 12 | 나는 주께 찬양 드립니다 | 10 | | ⑤, ⑥와 동일하되 이때는 손을 가슴 앞으로 가져 왔다가 펼쳐 준다. |

# 83 오늘 내가

이형구 작사
곽상엽 작곡

❖ 예수님을 만나 구원받은 내 마음에 기쁨과 사랑이 넘침을 감사하는 찬양이다. 조금 빠르고 명랑하게 부르며 율동 또한 리듬감있고 많은 의미를 담고 있어 초등부에 알맞는 곡이다. 「오늘 내가」부분을 「○○이가」로 자기 이름을 넣어 부르면 가사의 의미를 좀 더 생각하며 찬양할 수 있을 것이다.

| 번호 | 가 사 | 박자 | 도 해 | 해 설 |
|---|---|---|---|---|
| 1 | 오늘 내가 | 3 | | 한쪽 엄지손가락을 세워 팔굽혀 자신을 가리키게 한다. |
| 2 | 예수님 만나 | $4\frac{1}{2}$ | | 양손 마주 잡고 좌우로 흔든다. |
| 3 | 오늘 내가 | $3\frac{1}{2}$ | | 반대편 손으로 ①과 동일 |
| 4 | 예수님 알고 | $4\frac{1}{2}$ | | 양손바닥 위로 향하게 하여 앞으로 내민다. |
| 5 | 그 사랑으로 | 4 | | ♡모양 그린다. |
| 6 | 나의 모든 죄를 | 5 | | 양손 주먹 쥐고 가슴 앞에서 ×자를 만든다. |
| 7 | 다시 하여 | $2\frac{1}{2}$ | | ⑥의 상태에서 밑으로 내려 풀어 주었다가 양손을 위로 올려준다. |
| 8 | 주시니 | 4 | | 양손 위에서 반짝인다. |
| 9 | 내 마음에 | 3 | | 양손 가슴에 차례차례 ×자로 얹는다. |
| 10 | 사랑 넘치고 | $4\frac{1}{2}$ | | ⑨의 상태에서 가슴 한 번 치고 양손 좌우로 뻗는다. |
| 11 | 내 마음에 | 3 | ⑨와 동일 | ⑨와 동일 |
| 12 | 기쁨 넘치네 | $4\frac{1}{2}$ | | ⑪의 상태에서 손바닥을 뒤집어 손등으로 가슴을 한번 치고 양손을 좌우로 뻗는다. |
| 13 | 아 예수 | $2\frac{1}{2}$ | | 한 손을 위로 올린다. |
| 14 | 님 아 | $2\frac{1}{2}$ | | 올린 손을 내려 입에 갖다 댄다. |
| 15 | 예수 | $1\frac{1}{2}$ | | 이 손을 다시 위로 올린다. |
| 16 | 님 | 2 | | 반대편 손을 입에 댄다. |
| 17 | 참 감사합니다 | $7\frac{1}{2}$ | | ⑯상태의 손을 위로 올린 후 양손을 모아 기도손 |

# 84 주여 나를 가르쳐

W. P. Loveless
파이디온 역

❖ "추수할 곡식은 많으나 일꾼이 부족하다"는 주님의 말씀을 떠올려 보자. 말씀으로 올바른 훈련을 받고 주님을 전하는 전도자의 입술이 되길 바라는 마음을 표현한 곡이다. 죄의 길에서 머뭇거리는 이웃과 가족들을 생각하며 그들에게 복음을 전하는 귀한 일꾼이 되도록 용기를 북돋아 준다.

| 번호 | 가 사 | 박자 | 도 해 | 해 설 |
|---|---|---|---|---|
| 1 | 주어 | 2 | | 한 손을 위로 올려 준다. |
| 2 | 나를 | 2 | | 올린 손을 가슴에 댄다. |
| 3 | 가르쳐 | $3\frac{1}{2}$ | | 성경책 펴는 동작. |
| 4 | 주 일군 되게 하소서 | $8\frac{1}{2}$ | | 방향 바꾸어 가면서 바깥으로 펼쳐 주며 양손 입가에 대고 부르는 모습 |
| 5 | 내 친구들 | 4 | | 손을 바깥으로 펼쳐주며 사람을 가리키는 동작 |
| 6 | 죄에서 | $3\frac{1}{2}$ | | 가슴 앞에서 양주먹 쥔 손을 ×자로 만든다. |
| 7 | 헤매이고 | 4 | | 양손으로 얼굴을 가린다. |
| 8 | 있네 | $3\frac{1}{2}$ | | ⑦의 상태에서 고개를 숙인다. |
| 9 | 일군들이 | 4 | | 양손 입가에 대고 부르는 동작 |
| 10 | 없으며 | $3\frac{1}{2}$ | | 한 손 들어 좌우로 흔든다. |
| 11 | 기도 부족하 | $4\frac{1}{2}$ | | 기도손. |
| 12 | 니 | 3 | | 가슴 앞에서 손 엇갈리며 좌우로 흔든다. |
| 13 | 내 맘 녹여 | 4 | | 가슴에 양손 차례차례 ×자. |
| 14 | 주셔서 | $3\frac{1}{2}$ | | ⑬의 상태에서 손을 흔들며 펼쳐 준다. |
| 15 | 일군 만드소서 | $7\frac{1}{2}$ | ④와 동일 | ④와 동일 |

# 85 추수할 것은 많은데

Mary Kay Bottens

❖ 하나님의 부르심에 응답하여 전도의 삶을 살아가길 고백하는 찬양이다. 「추수할 것 많은 세상」은 복음을 전해야 할 믿지 않는 불신자들을, 「일할 사람」이란 전도자를 의미함을 설명해 준다. 마지막 부분에서 「누가 갈까?」 찬양이 끝나면 "저요!"라고 외치며 전도를 다짐하는 시간을 갖는 것도 좋다. 그리고 누구를 전도할 것인지 구체적으로 생각해보고 기도하는 시간을 갖도록 한다.

| 번호 | 가 사 | 박자 | 도 해 | 해 설 |
|---|---|---|---|---|
| 1 | 추수할 것은 | $4\frac{1}{2}$ | | 오른손을 옆으로 펼친다. |
| 2 | 많은데 | $3\frac{1}{2}$ | | 왼손을 옆으로 펼친다. |
| 3 | 일 할 사람 | $3\frac{1}{2}$ | | 양손을 입에 대고 전도하는 모습 |
| 4 | 없어 | $4\frac{1}{2}$ | | 오른손을 들어 왼손으로 오른편 팔꿈치를 받쳐 준다. |
| 5 | 죄로 가득 찬 | $4\frac{1}{2}$ | | 가슴 앞에서 주먹쥔 양손을 교차하여 ×자 모양을 만든다. |
| 6 | 세상에 | 4 | | 양손으로 얼굴을 가린다. |
| 7 | 누가 갈 | 4 | | 한쪽 검지손가락은 이마에 다른 쪽 손으로 이 팔꿈치를 받친다. |
| 8 | 까? | 4 | | ⑦의 상태에서 오른손을 내민다. |
| 9 | 예수님의 | 4 | | 기도손 |
| 10 | 참사랑 | 4 | | ♡을 그린다. |
| 11 | 내가 전하리 | $7\frac{1}{2}$ | | 양손을 펼쳐 입에 대고 전하는 모습(허리손→전하는 모습→허리손 |
| 12 | 추수할 것 | 4 | ①과 동일 | ①과 동일 |
| 13 | 많은 세상 | $4\frac{1}{2}$ | ②와 동일 | ②와 동일 |
| 14 | 누가갈 | 4 | ⑦과 동일 | ⑦과 동일 |
| 15 | 까? (저요) | 3 | ⑧과 동일 | ⑧과 동일(저요! 하면서 손을 든다.) |

# 86 한걸음 한걸음

파이디온 역

돌림노래

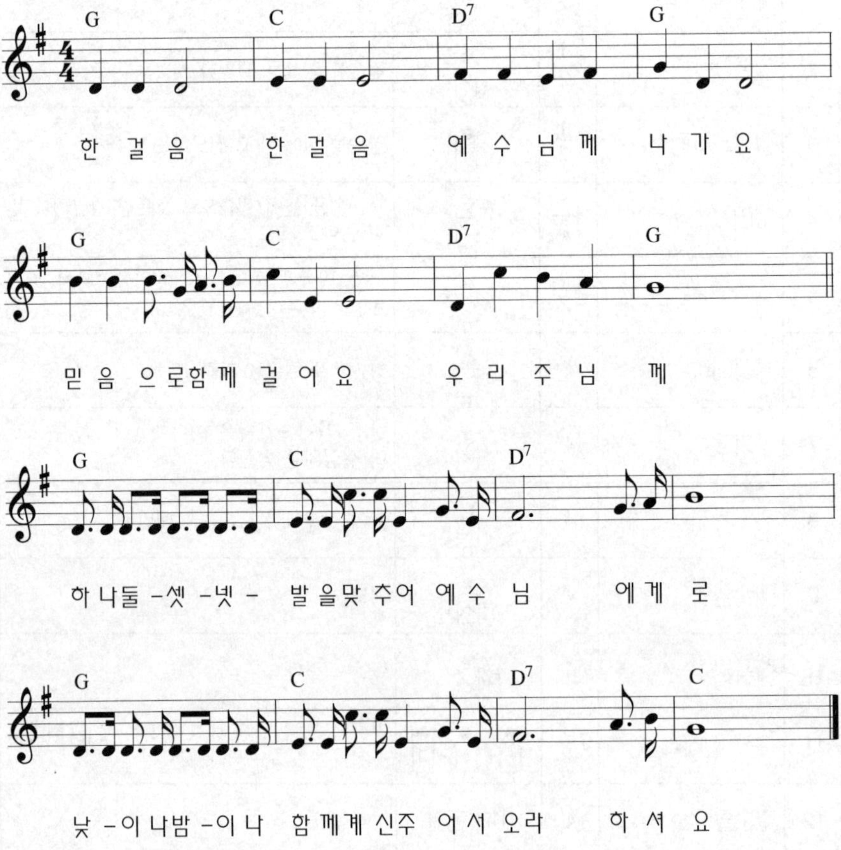
G C D7 G
한 걸 음 한 걸 음 예 수 님 께 나 가 요
G C D7 G
믿 음 으로함 께 걸 어 요 우 리 주 님 께
G C D7
하 나 둘 -셋 -넷 - 발 을 맞 추어 예 수 님 에 게 로
G C D7 C
낮 -이 나 밤 -이 나 함 께 계 신 주 어 서 오 라 하 셔 요

❖ 믿음으로 우리 주님께 한 걸음씩 가까이 갈 수 있도록 권하는 내용이다. 어린이들에게 예수님께 가까이 갈 수 있는 방법을 구체적으로 함께 이야기해 보고 묵상하는 시간을 갖는다. 돌림노래로 지도할 수도 있으나 경쟁위주로 하게 되면 본래의 의미를 상실할 수도 있다.

| 번호 | 가 사 | 박자 | 도 해 | 해 설 |
|---|---|---|---|---|
| 1 | 한 걸음 | 4 | | 성경책 펴는 모습 |
| 2 | 한 걸음 | 4 | | 기도손 |
| 3 | 예수님께 나가요 | 8 | | 양손 엄지 손가락 세워 내밀어 점점 위로 올린다. |
| 4 | 믿음으로 함께 | 4 | | 기도손 |
| 5 | 걸어요 | 4 | | 걷는 모습 |
| 6 | 우리 주님께 | 8 | | 한 손을 올리고 다른 한 손은 그 손을 향하여 점점 올라간다. |
| 7 | 하나, 둘, 셋, 넷 | 4 | | 걷는 모습 |
| 8 | 발을 맞추어 | 3 | | 손뼉 두번 치고 허리손 |
| 9 | 예수님에게로 | 9 | ③과 동일 | ③과 동일 |
| 10 | 낮이나 | 2 | | 얼굴앞에서 양손을 모았다 양손바닥이 밖을 향하게 하여 옆으로 펼쳐준다. |
| 11 | 밤이나 | 2 | | ⑩과 반대로 얼굴을 향해 손이 오게 한다. |
| 12 | 함께 계신 주 | 3 | | 양손을 마주잡고 좌우로 흔든다. |
| 13 | 어서오라 | 4 | | 손을 들어 다른 사람을 부른다. |
| 14 | 하셔요 | 5 | | 양손을 차례차례 가슴에 X자로 댄다. |

# 87  걱정있는 어린이

❖ 마음 속의 염려를 걷어 버리고 예수님을 통해 천국으로 나아가자는 초청의 곡이다. 전도를 목적으로 하는 행사에서 부르면 좋다. 부점이 반복되므로 부점을 살려서 부른다.

| 번호 | 가 사 | 박자 | 도 해 | 해 설 |
|---|---|---|---|---|
| 1 | 걱정있는 어린이 | 4 | | 한손 검지를 이마에 댄다. |
| 2 | 내게 오라 | 4 | | 엄지를 앞으로 내밀고 흔든다. |
| 3 | 누구든지 다(×2) | 8 | | 한손씩 차례로 안에서 바깥쪽으로 원을 그리며 펼쳐준다. |
| 4 | 하늘나라에 모두 | 4 | | 양손을 차례대로 하늘을 향해 벌린다. |
| 5 | 다 가겠네 | 4 | | 양손을 지그재그로 하늘로 올린다. |
| 6 | 누구든지 다오 | 4 | | 양손을 안에서 바깥으로 원을 그리며 펼쳐준다. |
| 7 | 라 | 3 | | 양손을 안쪽으로 끌어 모은다. |
| 8 | 누구든지 다(×2) | 8 | ③과 동일 | ③과 동일 |
| 9 | 하늘나라 올라가겠네 | 7 | ④, ⑤와 동일 | ④, ⑤와 동일 |
| 10 | 걱정있는 어린이 내게 오라 | 8 | ①, ②동일 | ①, ②동일 |
| 11 | 누구든지 다 오라 | 7 | ⑥, ⑦과 동일 | ⑥, ⑦과 동일 |

# 88 기쁠 때에도 슬플 때에도

장혜연 작사
차용운 작곡

❖ 깜찍하면서도 발랄한 느낌이 드는 찬양이다. 우리가 하나님을 기뻐해야 하는 것은 언제 어디서나 우리의 마땅한 사명이다. 사랑의 하나님께 우리의 모든 것을 바치자는 권면의 내용이 잘 표현되어 있다.

| 번호 | 가 사 | 박자 | 도 해 | 해 설 |
|---|---|---|---|---|
| 1 | 기쁠 때에도 | 4 | | 한 손씩 들어 손을 '잼잼' 하듯이 움직인다. |
| 2 | 슬플 때에도 난 | 4 | | 우는 모습 |
| 3 | 하나님을 찬양 | 4 | | 양손 위로 올린다. |
| 4 | 할래요 | 4 | | 머리위에서 방향을 바꾸어가며 손뼉을 3회 쳐준다. |
| 5 | 튼튼할 때도 | 4 | | 한 손씩 굽혀 올려 '힘' 표현. |
| 6 | 아플 때에도 | 4 | | 양팔꿈치 마주 잡고 고개 숙인다. |
| 7 | 하나님께 기도 | 4 | | 한 손씩 위로 올린다 |
| 8 | 할래요 | 3 | | 기도손. |
| 9 | 언제나 | 3 | | 가슴앞에서 양손을 모았다가 옆으로 펼친다. |
| 10 | 사랑을 주시는 | $4\frac{1}{2}$ | | 한 손씩 가슴에 ×자로 얹는다. |
| 11 | 내 하나님께 | 5 | | 한손씩 위로 올린다. |
| 12 | 감사해 | 3 | | 가슴 앞에서 원을 그리듯 손뼉을 2번 친다. |
| 13 | 나의 가진 | 3 | | 동시에 양손을 위로 올린다. |
| 14 | 모든 것을 모아 | 4 | | 올린 손을 배앞에 내려 양손 ×자로 엇갈려 놓는다. |
| 15 | 서 | 2 | | ⑭의 상태에서 고개를 숙인다. |
| 16 | 하나님께 드리고 싶어 | 8 | | 양손을 밑에서부터 위로 올린다. |

# 89 내게 주신 이 생명

이형구 작사
곽상엽 작곡

❖ 우리에게 새생명을 주신 예수님을 위해 모든 것을 바쳐 헌신하겠다는 내용의 곡이다. 새롭게 예수님을 영접한 어린이들이 자신의 믿음을 고백하게 할 때 사용할 수 있다. 그밖에도 어린이들이 개인적인 헌신의 시간을 갖게 될 때 부르도록 한다. 「주를 위하여」에서 잠깐 멈추고 기도시간을 갖을 수도 있다. "주님을 위해 ○○는 무엇을 하겠니?"라는 질문을 통해 어린이의 삶속에서 실제로 주님을 위해 할 수 있는 일들을 생각하여 실천하게 격려해준다.

| 번호 | 가 사 | 박자 | 도 해 | 해 설 |
|---|---|---|---|---|
| 1 | 내게 주신 이 생명 | 6 | | 오른손을 반원을 그리며 올려 준다. |
| 2 | 내게 주신 이 생명 | 6 | | 왼손을 ①의 방향으로 올렸다 동시에 양손의 손가락을 움직이며 내려온다. |
| 3 | 나의 것은 아니죠 | 5 | | 가슴손 하고 머리를 좌우로 흔든다. |
| 4 | 나의 것은 아니죠 | 7 | | 양손으로 자신의 가슴을 찍고 허리에 댄 후 머리를 좌우로 흔든다. |
| 5 | 십자가에서 | 3 | | 주먹쥔 양손을 얼굴앞에서 X로 놓는다. |
| 6 | 나를 위해 | 3 | | 양손을 십자가(+)모양으로 펼쳐 준다. |
| 7 | 죽으신 주님의 | $4\frac{1}{2}$ | | ⑥의 상태에서 고개를 숙인다. |
| 8 | 것 | 1 | | 기도손 |
| 9 | 나의 모든 것 | $2\frac{1}{2}$ | | 가슴손 |
| 10 | 주께 드리고 | 3 | | 손을 밑에서 위로 올려준다. |
| 11 | 주를 위하여 | $2\frac{1}{2}$ | | 머리 위에서 한 손바닥 위에 양손을 올려 한손의 주먹을 쥐고 엄지를 세운 후 다른 손바닥위에 올려 놓는다. |
| 12 | 나 살아 갈래 | 4 | | ⑪의 상태에서 지그재그로 천천히 내려온다. |
| 13 | 요 | 5 | | ⑫의 상태에서 그대로 가슴 앞에 갖다댄다. |

## 90 내 맘속에 있는

정봉채 작사
김명식 작곡

❖ 전체적으로 명쾌하고 밝게 부른다. "○○아, 예수님을 믿고 어떤 점이 놀랍도록 기뻤니?" "그 마음을 누구와 나누고 싶지?" 등의 질문을 할 수 있다. 전도도 주님의 명령이기에 중요함을 강조한다. 이 찬양을 통해 어린이들이 예수님을 믿고 느꼈던 감격을 혼자서만 간직하는 것이 아니라 다른 친구들에게 전하여 그 감격을 함께 나누는 삶을 깨달을 수 있게 한다.

| 번호 | 가 사 | 박자 | 도 해 | 해 설 |
|---|---|---|---|---|
| 1 | 내 맘 속에 있는 | 4 | | 양손을 차례로 X자로 가슴에 댄다. |
| 2 | 놀라운 | 4 | | 양손 얼굴 앞에서 주먹 쥐었다 양쪽으로 펼쳐 준다. |
| 3 | 이 | 2 | | 무릎을 두 번 치다. |
| 4 | 기 | 2 | | 손뼉을 두 번 친다. |
| 5 | 쁨 | 3 | | 양손을 얼굴 앞에서 좌우로 흔든다. |
| 6 | 온 세상 친구 | 4 | | 옆 사람의 손을 잡는다. |
| 7 | 들과 | 4 | | ⑥의 상태에서 앞뒤로 손을 흔든다. |
| 8 | 나누고 싶어라 | 7 | | 옆 사람과 어깨동무 한다. |
| 9 | 주님의 명령 | 4 | | 성경책 펴는 모습 |
| 10 | 따라 | 4 | | '경례'를 한다. |
| 11 | 말씀 전하여 | 7 | | 양손 입에 대고 오른쪽→허리손→왼쪽→허리손의 순서로 전파하는 모습 |
| 12 | 하늘 나라 | 4 | | 손을 위로 올린다. |
| 13 | 기쁨을 | 4 | | ⑫의 상태에서 '반짝반짝' 손을 흔든다. |
| 14 | 전하여 주리라 | 7 | ⑪과 동일 | ⑪과 동일 |

# 91 야호 쨘쨘 뛰뛰 빵빵

이형구 작사
곽상엽 작곡

❖ 이 곡을 통해 교회에 오면 재미있고 즐거워진다는 것을 알려줄 수 있다. 빠르게 부르는 곡으로 어린이들의 흥미에 맞는 언어로 구사된 곡이다. 매우 밝고 경쾌한 곡이다. 마지막 소절 「모두 모이자」를 2번 반복해 주면서 첫번째는 작은 소리로, 두번째는 큰소리로 찬양을 한다.

| 번호 | 가 사 | 박자 | 도 해 | 해 설 |
|---|---|---|---|---|
| 1 | 야호 짠짠 | 4 | | 손가락을 맞부딪쳐 '딱'소리 내고 손가락을 V자로 하여 양옆으로 한 박자씩 끊어주며 펼쳐 준다. |
| 2 | 뛰뛰 빵빵 | 4 | | 손가락은 V자로 하고 팔을 대각선으로 한박자씩 끊어주며 펼쳐 준다. |
| 3 | 여름이 오면 | 3 | | 크로스형의 수영하는 모습을 한다. |
| 4 | 나는 즐거워 | 5 | | 양손을 얼굴앞에서 좌우로 흔들어 준다. |
| 5 | 방학이 되면 | 3 | | 오른손을 반원 그리듯 왼쪽에서 오른쪽으로 흔들며 펼쳐 준다. |
| 6 | 정말 즐거워 | 4 | | 손을 돌려주어 손뼉 치며 반원을 그린다. |
| 7 | 즐거운 찬송이 있고 | $7\frac{1}{2}$ | | 한 손씩 손을 반짝거리며 올려 준다. |
| 8 | 재미있는 말씀이 있는 | $8\frac{1}{2}$ | | 양손으로 성경책 펼치는 모습을 한 후 좌우로 흔든다. |
| 9 | 우리 교회 성경학교 | 8 | | 가슴에 X자로 손을 얹은 후 두 손을 세워 모아 교회의 모습을 표현해 준다. |
| 10 | ○○교회로 | 3 | | 교회모습의 상태에서 손을 위로 계속하여 세우며 올려 준다 |
| 11 | 모두 모이자 | 5 | | 양손을 입에 대고 말씀 전파하는 모습 |
| 12 | 모두 모이자 | 9 | | ⑪의 동작을 한 후 양손을 위로 쭉 뻗어 올려 준다. |

# 92  언제나 어디서나

이형구 작사
곽성은 작곡

언 제나 어디서나 돌 보시고 지켜주시는
예 수님은 나의목자 나 의사랑 선한목자라
외 로울때 슬플때도 사 랑으로 감싸주시는
예 수님은 나의목자 나 의사랑 선한목자라

❖ 예수님은 우리의 선한 목자이시다. 목자는 자신의 목숨을 희생하기까지 자기의 양들을 지킨다. 선한 목자로 우리에게 오신 예수님에 대해 감사하는 마음을 가지게 하는 찬양이다. 어린이들이 예수님께 감사의 기도를 드리도록 이끈다.

| 번호 | 가 사 | 박자 | 도 해 | 해 설 |
|---|---|---|---|---|
| 1 | 언제나 | 4 | | 양손가락을 하나씩 차례로 오무린다. |
| 2 | 어디서나 | 4 | | 양손을 가슴 앞에서 양옆으로 펼친다. |
| 3 | 돌보시고 | 4 | | ②의 펼친 손을 가운데로 끓듯이 모아 준다. |
| 4 | 지켜주시는 | 4 | | 한 손을 이마에 대고 지켜보는 동작. |
| 5 | 예수님은 | 4 | | 양손 차례차례 엄지손가락 세워 내민다. |
| 6 | 나의 목자 | 4 | | 양손가슴에 ×자로 얹는다. |
| 7 | 나의 사랑 | 4 | | ♡모양을 그린다. |
| 8 | 선한목자 | 2 | | 양손 엄지손가락 세워 한 방향으로 원을 그린다. |
| 9 | 라 | 2 | | ⑧의 상태에서 한 손의 손바닥을 펴서 엄지손가락 세운 손을 받친다. |
| 10 | 외로울 때 | 4 | | 검지손가락 세워 한쪽 이마에 대고 생각하는 모습 |
| 11 | 슬플 때도 | 4 | | 우는 모습 |
| 12 | 사랑으로 | 4 | | ♡모양을 그린다. |
| 13 | 감싸주시는 | 4 | | 가슴손하고 몸을 약간 흔들어 준다. |
| 14 | 예수님은 ~ 선한 목자라 | 16 | ⑤~⑨와 동일 | ⑤~⑨와 동일 |

## 93 오 친구 예수님

파이디온 역

❖ 예수님은 나의 친구가 되어 자신의 목숨을 희생하시기까지 나를 사랑했음을 알게 해준다. 그 사랑에 감사를 드리며 그 은혜에 찬양을 드리고 기도할 수 있는 마음을 갖게 한다. 느린 곡으로 고백적인 찬양이 되게 한다.

| 번호 | 가 사 | 박자 | 도 해 | 해 설 |
|---|---|---|---|---|
| 1 | 오 친구 | 5 | | 한 손은 가슴에, 한손은 위로 올린다. |
| 2 | 예수님 | 7 | | 양손을 마주 잡고 한바퀴 빙 돌린다. |
| 3 | 날 사랑하셔요 | 12 | | 가슴에 ×자로 손을 얹고 몸을 약간 흔들어 준다. |
| 4 | 그 사랑을 배워 | 12 | | 양손을 펼쳐 +모양을 만들고 고개를 숙인다. |
| 5 | 찬양을 드려요 | 12 | | 양손을 밑에서 위로 천천히 올려 준다. |
| 6 | 기도를 드려요 | 12 | | 천천히 기도손 |
| 7 | 감사를 드려요 여 | 12 | | 양손의 손바닥을 위로 향한 채 위로 올렸다 내려주며 몸도 함께 숙인다.(경배의 의미) |

# 94 우리 모두 주님을 전해요

❖ 잠자는 영혼들을 찾아가 그 영혼들을 일깨우는 일이 우리 믿는 자들이 해야 할 일이다. 어린이들의 가슴 속에 복음 증거에 대한 뜨겁고 불타는 열망을 불어 넣을 수 있는 가사이다. 우리 모두는 주님의 말씀을 전하는 아름다운 발이 되어야 할 것이다.

## 찬란한 태양이 솟아 95

❖ 온 세상에 주님의 복음을 전파해야 함을 인식케하는 찬양이다. 작은 우리들의 마음이지만 복음을 전해야 한다는 열정으로 가득차 하나님의 말씀을 외칠 수 있도록 한다. "오직 성령이 너희에게 임하시면 너희가 권능을 받고 예루살렘과 온 유대와 사마리아와 땅끝까지 이르러 내 증인이 되리라."(행1:8)는 말씀을 기억하게 한다.

| 번호 | 가 사 | 박자 | 도 해 | 해 설 |
|---|---|---|---|---|
| 1 | 찬란한 태양이 | 4 | | 머리 위에서부터 반짝이며 원을 그리며 내려온다. |
| 2 | 솟아 | 4 | | 아래에서 위로 크게 원을 그려 올린다. |
| 3 | 온 누리 넘쳐 | 4 | | 오른손의 손등을 밑으로 하여 옆으로 펼쳐준다. |
| 4 | 고 | 3 | | 왼손으로 ③의 동작을 한다. |
| 5 | 작은 하늘 | 3 | | 한 손으로 원을 그리며 위로 뻗는다. |
| 6 | 우리 땅엔 | 5 | | 다른 한 손을 옆으로 펼쳐 준다. |
| 7 | 복음의 태양이 | 4 | | 성경책 펴는 모습 |
| 8 | 다 | 3 | | 양손을 위로 올려 반짝인다. |
| 9 | 정답게 손을 | 4 | | 옆 사람과 손을 잡는다. |
| 10 | 마주 잡고 | 4 | | ⑨의 상태에서 흔든다. |
| 11 | 이 복음 전하러 | 7 | | 양손을 입에 대고 방향 바꾸어 말씀 전하는 동작 |
| 12 | 주님의 말씀 | 4 | | 성경책 펴는 모습 |
| 13 | 따라서 | 4 | | 경례하는 동작 |
| 14 | 어서 나가 | 4 | | 걷는 동작 |
| 15 | 자 | 3 | | 손뼉 3회 |

# 고마와라

96

원요셉 역

❖ 주님으로 인한 승리를 찬양하는 곡이다. 언제 어디서나 함께 하셔서 우리를 승리하게 하시는 주님께 감사하며 찬양하게 하라. 그리고 우리가 그런 주님을 위해 무엇을 할 수 있는가를 생각하게 하라.

## 97 나는 이래뵈도

박연훈 작사
박연훈 작곡

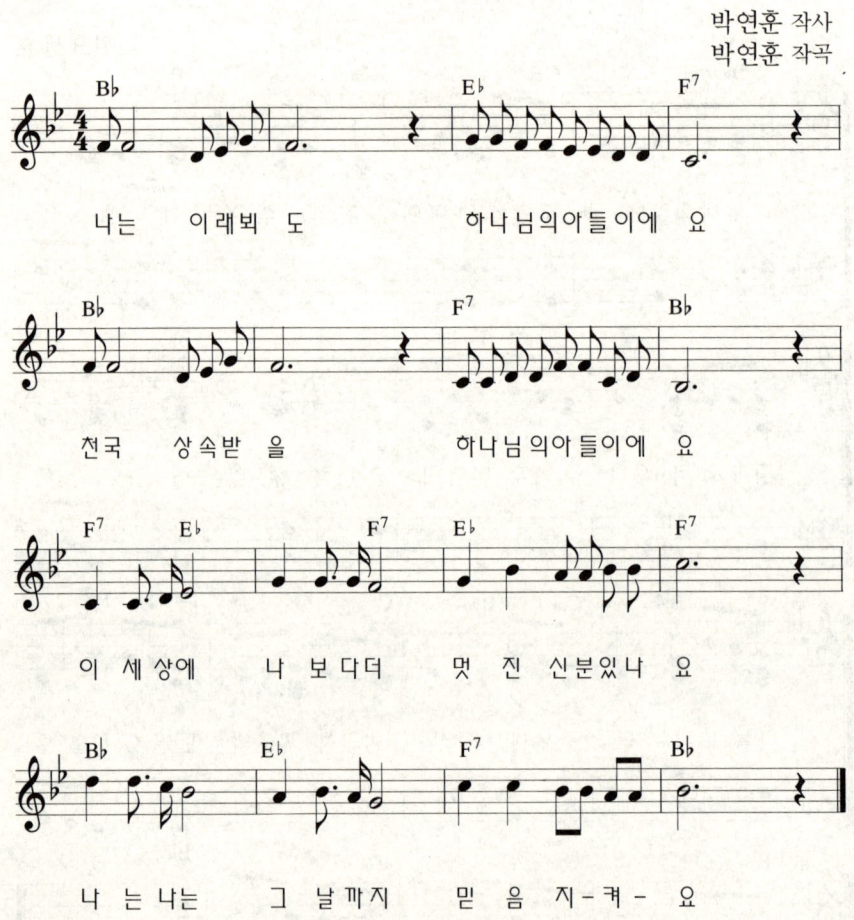

❖ 하나님의 자녀로서 천국을 상속 받을 자라는 자부심과 긍지를 갖도록 하는 찬양이다. 어린이에게 자신이 그리스도인으로서 어떤 복을 누릴 수 있는지 물어보고, 어린이들이 이 땅에서 천국에 대한 간절한 소망을 가지고 믿음을 잘 지키며 승리의 삶을 살도록 용기를 준다.

| 번호 | 가 사 | 박자 | 도 해 | 해 설 |
|---|---|---|---|---|
| 1 | 나는 이래뵈도 | 7 | | 손 허리에 대고 어깨를 으쓱거린다. |
| 2 | 하나님의 아들이에 | 4 | | 밖에서 안으로 양손 교차되게 하여 올려준다. |
| 3 | 요 | 3 | | 양손으로 머리 두번 두드리고 허리손 |
| 4 | 천국 | $2\frac{1}{2}$ | | 양손을 위로 올린다. |
| 5 | 상속 받을 | $4\frac{1}{2}$ | | 양손의 새끼손가락을 걸고 지그재그로 흔들며 내린다. |
| 6 | 하나님의 아들이예요 | 7 | ②, ③과 동일 | ②, ③과 동일 |
| 7 | 이 세상에 | 4 | | 엄지손가락 세워 팔굽혀 자신 가리키고 손허리 |
| 8 | 나보다 더 | 4 | | 가슴 앞에서 양옆으로 손을 펼친다. |
| 9 | 멋진 신분 있나 | 4 | | 손가락 맞부딪쳐 '딱' 소리를 낸다. |
| 10 | 요 | 3 | | 양손의 손바닥 펴서 앞으로 한 번 내민 후 손허리 |
| 11 | 나는 나는 | 4 | | 엄지손가락 세워 팔을 굽혀 자신을 가리킨다. |
| 12 | 그 날까지 | 4 | | 한쪽 손으로 원을 그려 올려준다. |
| 13 | 믿음 지켜 | 4 | | 머리 위에서 손뼉 1회 친 후 끌어 내리며 기도손 |
| 14 | 요 | 3 | | 손허리에서 팔을 위로 높이 든다. |

# 98 두 눈을 꼭 감고

이형구 작사
곽상엽 작곡

❖ 이 찬양은 느리고 조용하며 감미롭게 부른다. 기도를 통해 예수님을 만나도록 이끄는 찬양으로 어린이들에게 찬양의 가사를 자신의 글로 한번 써보는 시간을 갖게 해보면 더욱 의미있게 느껴질 것이다. 「두 눈을...기도하면」에서는 잠깐 찬양을 멈추고 직접 기도 시간을 가져볼 수도 있다.

| 번호 | 가 사 | 박자 | 도 해 | 해 설 |
|---|---|---|---|---|
| 1 | 두 눈을 | 3 | | 얼굴 앞에서 양손바닥을 나란히 편다. |
| 2 | 꼭 감고 | 5 | | 두 손을 오무리면서 고개를 숙인다. |
| 3 | 예수님께 기도하면 | 7 | | 기도손에서 두 손을 위로 떠받들듯이 올려준다. |
| 4 | 만나볼 수 있어요 | 8 | | 위에서 손을 모아 얼굴에 갖다 댄다. |
| 5 | 오늘 이 시간에 | 8 | | ④의 상태에서 왼손을 앞 쪽으로 쭉 펼치면서 내려준다. |
| 6 | 내 마음에 | 4 | | 한 손을 가슴에 대고 한 손을 위로 뻗는다. |
| 7 | 오셔서 | 4 | | 뻗은 손을 내려 가슴에 ×자로 댄다. |
| 8 | 사랑한다 하시 | $3\frac{1}{2}$ | | 가슴손의 상태에서 약간씩 몸을 흔든다. |
| 9 | 네 | 3 | | 양손을 입에 대고 사람 부르는 모습 |
| 10 | 예수님 | 3 | | 기도손 |
| 11 | 오 예수님 | 5 | | 양손을 위로 올려준다. |
| 12 | 사랑해요 | 3 | | ♡을 그려 준다. |
| 13 | 예수님 | 5 | | 기도손 |

## 99 예수 항상 나의 친구

San Beeker

❖ 이 곡은 우리의 가장 좋은 친구되신 예수님이 언제나 우리와 함께 하신다는 내용을 담고 있다. 밝고 쾌활하게 부르도록 한다. 율동을 통해서 능력있는 예수님의 모습과, 이런 예수님이 나의 친구되신 것을 자랑스러워하는 마음을 충분히 표현하게 한다. 「기쁠 때에도」 대신 「하하하하하」로, 「슬플 때에도」 대신 「잉잉잉잉잉」으로 가사를 바꿔 부르면 좋다.

| 번호 | 가 사 | 박자 | 도 해 | 해 설 |
|---|---|---|---|---|
| 1 | 예수 항상 | 4 | | 양손의 엄지를 차례로 앞으로 내민다. |
| 2 | 나의 친구 | 4 | | 내민 손을 좌우로 흔든다. |
| 3 | 기쁠 때든지 | 4 | | 양손바닥을 펴서 얼굴 앞에서 좌우로 흔든다. |
| 4 | 슬플 때든지 | 4 | | 우는 모습 |
| 5 | 예수 항상 나의 친구 | 8 | ①, ②와 동일 | ①, ②와 동일 |
| 6 | 주님 나의 친구 | 6 | | 양손을 반짝이며 위로 올린다. |

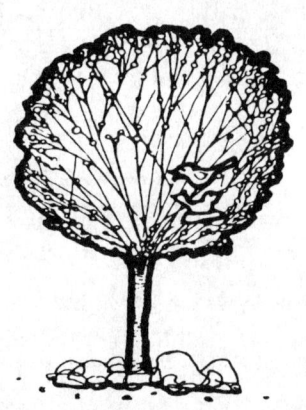

# 100 예수님과 함께 살아갈거야

원요셉 역

❖ 음의 전개가 쉬워서 유치부부터 초등부까지 가르칠 수 있다. 앞의 전주와 뒤의 반주가 곡을 잘 살려주므로 끝까지 연주하도록 한다. "어떻게 하면 예수님을 매일 따라갈 수 있을까요?"라는 질문을 하고 잠시 이야기해 보면 구체적인 적용이 가능해진다.

파이디온 선교회는 '어린아이들이 내게 오는 것을 용납하고 금하지 말라'(막 10:14)고 하신 주님의 명령을 좇아 온 세상 어린이들을 그리스도의 제자로 만들고, 또 이들을 제자를 만드는 제자로 육성함으로써 그리스도의 지상명령을 성취하여 하나님의 영광이 온 땅에 충만케 되는 것을 근본목표로 하고 있습니다. 파이디온 선교회가 주님의 교회와 어린이들을 섬기기 원하여
① 어린이 전도
② 어린이 선교사 양성 및 파송
③ 어린이 사역자(교사) 훈련
④ 어린이 기독교 교육자료 출판
⑤ 어린이 문화 창달
등 다섯가지의 주요 사역을 펴고 있습니다.

### 춤추며 찬양해 1 (교사용)

1쇄 인쇄 / 1994년 6월 15일
7쇄 발행 / 2006년 3월 15일

**펴낸이** / 양승헌
**펴낸곳** / 주)도서출판 디모데〈파이디온선교회 출판 사역 기관〉

등록 / 2005년 6월 16일 제319-2005-24호
주소 / 서울 동작구 사당동 1045-10
전화 / 영업부 031) 908-0872
팩스 / 영업부 031) 908-1765
홈페이지 / www.timothybook.com

값 8,000원
ISBN 89-388-1118-2
Copyright ⓒ 주)도서출판 디모데 1994 〈Printed in Korea〉